Mulheres,
Falem de **vida**,
Falem de **amor**

Maura Mei

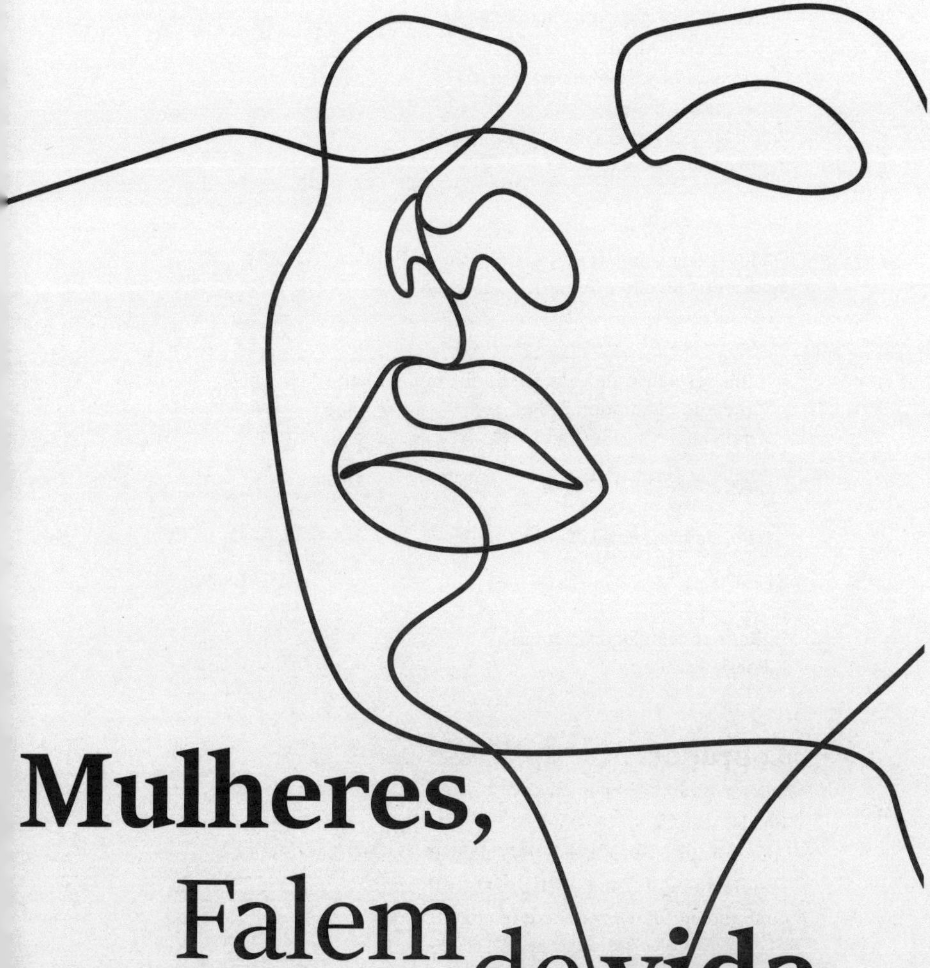

Mulheres,
Falem de vida,
Falem de **amor**

© Maura Mei, 2024
Todos os direitos desta edição reservados à Editora Labrador.

Coordenação editorial Pamela J. Oliveira
Assistência editorial Leticia Oliveira, Vanessa Nagayoshi
Direção de arte Amanda Chagas
Projeto gráfico Marina Fodra
Diagramação Emily Macedo Santos
Capa Rubens Lima
Preparação de texto Lívia Lisbôa
Revisão Cris Negrão

Dados Internacionais de Catalogação na Publicação (CIP)
Jéssica de Oliveira Molinari - CRB-8/9852

Mei, Maura
    Mulheres, falem de vida, falem de amor / Maura Mei.
São Paulo : Labrador, 2024.
    176 p.

    ISBN 978-65-5625-739-6

    1. Poesia brasileira I. Título

24-5070   CDD B869.1

Índice para catálogo sistemático:
1. Poesia brasileira

Labrador

Diretor-geral Daniel Pinsky
Rua Dr. José Elias, 520, sala 1
Alto da Lapa | 05083-030 | São Paulo | SP
editoralabrador.com.br | (11) 3641-7446
contato@editoralabrador.com.br

A reprodução de qualquer parte desta obra é ilegal e configura uma apropriação indevida dos direitos intelectuais e patrimoniais da autora. A editora não é responsável pelo conteúdo deste livro. Esta é uma obra de poesia. Apenas a autora pode ser responsabilizada pelos juízos emitidos.

Nasci em Jundiaí, interior do estado de São Paulo. Lá, as noites de outono seduziram os meus olhos quando ainda bem criança. Eu e mais quatro irmãos, filhos de um pedreiro e de uma cuidadora, brincávamos com capuchetas de papel-jornal, presas por apenas três metros de linha de costura. O pôr do sol dourado nos fundos da casa, o corre-corre da molecada na rua, atrás de uma bola feita de pano e meias, as coloridas bolhas de sabão e o arco-íris depois da chuva são lembranças que surgem alegres de vez em quando. O tempo... ah! Quem é que segura o tempo? Nós crescemos e mudamos de cidade, novas amizades, novos conceitos, novos planos. Mudanças que, muitas vezes, nos entristecem, mas, com o passar do tempo, percebemos que são saudáveis e, às vezes, necessárias. Na verdade, muita coisa permaneceu intacta. Hoje não tenho mais as capuchetas, mas o pôr do sol continua alaranjado no Oeste. As bolhas de sabão ainda são um mundo de cores que, hoje, encantam os olhinhos de minha enteada Manu. O menino que, desde criança, eu sonhava um dia encontrar está ao meu lado, é um lindo homem com seu brinquedo de duas rodas, desbravando estradas e aquecendo meu coração.

Então, os versos foram nascendo; as páginas deste livro, completadas ao longo do tempo.

Em cada uma das folhas, retrato o amor que sinto, a alegria e a satisfação que tenho em viver e empresto minha voz a todas as mulheres que amam, em todas as suas formas. Não só às mulheres do morro, da periferia e da cidade, mas também às do sertão, do campo, às ribeirinhas, de todo lugar. Todas as mulheres estão comigo aqui.

Também ofereço este livro a você, com o desejo de que a poesia torne sua vida mais rimada e mais serena como um rio que corre fresco, vívido e livre.

Maura Mei

Mulheres

Nas vielas do morro,
na imensidão do campo,
nas ruas da cidade,
nos becos da periferia,
reluz força, reluz beleza.
Estrelas despertam,
vestem coragem, dignidade,
sol, poesia,
esperança e leveza.

Elas querem amor.
Elas querem voz ao vento.

São luas no morro
na cidade, faróis,
a seus filhos, vizinhos, nós.

Flores dos becos,
flores do mundo
enfeitam o solo,
afável colo fecundo,
driblam a solidão do caminho seco.

Elas querem igualdade.
Elas querem liberdade.

Nas vielas da vida
renascem, brotam, sem medida,

confidenciam mais um dia ao espelho,
engolem o choro e tormento,
retocam a boca de vermelho,
sorriem e escondem suas feridas
no perfume ao vento.

Hora tanta

Aqui, nesta hora tanta
em que a saudade se levanta,
sigo a procurar-te no frescor que pela janela atravessa.
Tuas digitais grafadas na minha cintura
de um leva e traz em desmesura
sem pudor, sem temor, sem pressa.

Aqui, onde se deita teu sonho,
te vigio, deslumbre encantamento
como se não existisse chegada,
nem partida, nem revoada.
E no teu abraço de inebriante olor
me proponho a ficar até morrer de amor.

Rota do sol

Caminho do sol,
sol das manhãs de primavera,
de borboletas e corredeiras,
da neve das cordilheiras,
da luz do dia, das acácias,
dos jasmins, das copas dos ipês,
das tardes de verão
de céu avermelhado.
Sol das músicas, dos filmes,
dos poetas sem fim,
das estradas verdejantes,
do burburinho repousante.
Sol de mata e frescor,
da semente,
que germina no silêncio da terra,
da sombra do coqueiral.
Sol nos meus olhos poente,
sol nascente dentro de mim.

Semeadura

Semear flores e canções
tão logo amanheça o dia.
Jogar ao vento grãos de poesia,
lançar na terra sementes de ternura e paz
como as que teu sorriso me traz.

Depois é só olhar
e ver crescer os versos no ar.
Olhar no campo a colorida florada
encantando a passarada.

Semear jasmins, rosas e ipês,
semear canções, risos, felicidade,
semear amor de verdade.

Minha alma

Esta alma em mim
é como o dia fresco e claro
despertando o orvalho.
É como o passeio do sol,
ora aquecendo, ora chovendo jasmins.

Esta alma embebida de vento
rodopia folhas e canções.
Tem gosto de mel e cor de outono,
tem jeito de brisa e perfume do campo.

Esta alma em mim
é como o caminhar na relva,
o balanço das flores
e o voo sereno de seu pólen.

Esta alma criança de sonhos
abarca-se nessa tua luz
que me vem como o luar
e dorme ao repouso da cidade,
ouvindo a cantiga do mar.

Liberdade

Essas suas proibições
lancetaram minha face
refletida no meu eixo.
Ela gritou dor,
gritou liberdade.
Não me venha com cabrestos
e ordens de como me vestir,
calçar, escrever, me portar.
Sou eu quem decide como existir,
sou eu quem decide o que falar.
Ao primeiro sinal de clausura
me rebelo e,
sem nem olhar para trás,
de semblante vívido e belo,
construo minha ventura,
sou eu liberta e em paz.

Vida

Uma estrada larga
com pinheiros verdejantes
em tom e cor laranja
aonde folhas vão e vêm, com o vento.

Pó e poeira na longa estrada
se aquietam com a chegada da chuva.

Breve tormenta,
passou a tempestade,
agora é festa de pardais.

As flores

Estas flores são para você.
Para encantar o mundo, qualquer canto
e calar o pranto que em silêncio vai caindo
e a gente nem vê.

Estas flores
vieram da estrada banhada de sol,
colorindo os olhos tristes de amor
e enfeitaram os cabelos macios,
castanhos de frescor.

Estas flores nasceram cantando,
sorrindo, sonhando.
Dormiram na relva molhada,
saíram escondidas,
voltaram apressadas.

Falaram de seus medos, gritaram,
se encheram de perfume,
se enfeitaram.

Estas flores são para você.

Despertar

Há de se levantar o sol,
azul o mar, novo céu,
frescor ainda.
Há de ser o teu olhar meigo menino,
renascendo primaveril nos sonhos meus.

Há de anoitecer
quando os ipês, ao brilho da lua,
tombarem dormindo.
Teus passos em meu caminho,
vento e voz, outono vindo,
toque e tremor.

Hão de entardecer campos e flores,
estradas e trilhas, teu nome e o meu.

Vestido ao vento,
alfazema nos cabelos,
teu sorriso nos trigais.

Hora

Passa o vento, é quase noite.
Leva longe o pensamento
crava em mim como um açoite
teu suave movimento.

Vai a hora esquecida
as pessoas envolvendo
moça ingênua ou reprimida
e lá vai ela correndo.

As ruas nuas de cores
cada pessoa só e vazia
no esvair da hora vai morrendo.

Nas almas cheias de flores
o entardecer lindo e frio
o tempo vai quietinho adormecendo.

Senzala

Senzala, mãe que gerou pranto,
dor e desencanto.
Fez o meu passado
ter cheiro de suor lavado de sangue.
Triste senzala!
Teus filhos sonharam em ser livres,
choraram sua sorte,
desesperaram até a morte.
Um passado de sombras e clamor
com gosto de cana-de-açúcar e seus cortes
navalhados na carne.
Tem mais ainda é gosto de fel!
Meu passado, medonho como a noite,
tem marca de corrente,
de chicote e ferro quente.
Tem canto triste quando escurece
e sussurro de alguém fazendo prece.
Tem som de batucada africana
e de murmúrio do vento à porta da cabana.
Tem som do choro no cativeiro sob o céu.
Ah! Tem mesmo gosto de fel!

Eterno adeus

Chora, minha doce menina, chora.
Desfalece nos braços do vento
a dor tarda, mas chega a hora
e não te poupa o sofrimento.

Entrega tua alma ao doloroso pranto
que rasga todos os sonhos teus
não demora e chega o canto
melodia fúnebre do eterno adeus.

Teu peito rebenta na derradeira dor,
teu corpo exala aquele perfume flor,
flor que o vento levemente tocou e levou.

O barco

Vou saindo,
sem medo, sem direção
água fria, mar batendo,
dor no peito, peito ardendo no silêncio,
sem palavra, sem ação.

Vou à deriva, vou esvaindo,
barco solitário sem querer
nem ficar, nem morrer
feito sol que vai partindo.

Vou rasgada, vou chorando,
muda a voz, morta a razão.
Sou mesmo um náufrago
que amanhece na contramão.

Se tenho os olhos cerrados de dor,
cansada da invisível luta pelo equilíbrio,
basta que anoiteça.
Desfaleço sangrando.

Janela entreaberta

Precisos são o amanhecer,
o meio-dia e meia,
o instante de florescer
e a meia-lua cheia.

O relógio solitário vai,
a tarde finalmente cai
dos olhos de um sonhador.

Voa liberdade certa
da janela entreaberta
do peito de um cantador.

Pretensão

Se ele me quiser
que não seja de repente
que me invada aos poucos e devagar.
Mas que seja suave como a brisa
que acarinha a pele da gente
e depois leva os balões pelo ar.

Que se envolva tanto comigo
até se perder,
que brinque feito criança
e ria do meu riso
e chore com meu pranto
enquanto eu viver.

Se ele me quiser,
que se entregue todo,
que cante o meu canto,
que ande pelo meu caminho
sem querer voltar,
sem temer sonhar
e seja forte como a morte
o amor que me entregar.

Se ele me quiser,
que me venha num fim de tarde,
como o verão dourado, que arde,
e exploda fumegante e mordaz.

Que me abrace como o vento fugaz e quente,
que dança por entre palmeiras,
levanta as ondas do mar
e espalha o cabelo da gente.

O poeta

Vai no caminho empoeirado e torto
seguindo seu destino descendo a rua
um jovem poeta desfeito e morto
que nada tem além da alma nua.

Vai o sonhador na hora da partida
esperar o sol no fim da estrada
trazendo no peito uma ferida
e a alma morta numa espada.

Seus olhos cansados, cerrados de dor
e a fria mão desfalecida
dizem adeus ao amor
num aceno quase sem vida.

Morte certa, errada morte
envolve o corpo, sorrateira, e se aquieta.
É meia-noite, bate o sino e bate forte
vendo expirar docemente o poeta.

Azul

No calor dourado da tarde
meu olhar atento ao Sul
vaga o pensamento sem alarde
embebido de céu, de azul.

E lá, onde as aves podem planar
fica o céu mais azul, mais transparente
olhos despertam ao marejar
gotas colhidas do sol poente.

Na dormência do azul que declina,
no clarão que se abre no espaço
teus olhos são luzes divinas
são contas pequeninas que enlaço.

Na azúlea manhã de primavera
quando o sol se abre sob o céu
colho madressilvas ao pé da serra
para enfeitar teus cabelos de mel.

Deixe vir o amanhecer,
deixe vir, azul do céu, azul do mar.
Sê o azul do meu viver,
sê o azul do meu olhar.

Pescador de sonhos

Ele ansiou a madrugada
com a suave brisa que ela traz
e elevou a rede bem dobrada
assoviando um canto de paz.

Ele entregou seus sonhos ao mar
enquanto despertava a passarada,
e as águas adormeceram devagar
com sua prece baixinho murmurada.

E, de repente,
soube que era novo dia,
soube que era novo ser.
Não era peixe o que queria,
mas brilho de ardentia iluminando seu viver.

E, então,
não mais o arrastão, a rede, o pescador,
os seus braços não mais remaram ao sul.
Porque fez de uma estrela seu caso de amor,
e sua vida se encheu de azul.

Caminhos

Eu sei que o caminho é frio,
e os pés que por ele passaram se perderam e sangraram.
A ânsia pelo fim morreu com o sol.
Ah! Pobres pés descalços, feridos,
solitários, no silêncio mergulhados,
pelo suor do corpo banhados,
em seu pranto embebidos.
Levanta sol, levanta poeira,
queima o pobre a sua dor
consome sua alma a chama derradeira
lhe corrói a face,
as mãos, os sonhos com todo seu furor.
Ah! Caminho impiedoso!
Sua terra, sua sede, seu calor
digerem o desejo da sombra,
da água, do êxtase, do clamor.
Passa o vento, arrastando folhas
e as flores do caminho
pouco a pouco a lhe sorrirem
lavam as feridas de sua alma
e podem os desejos de novo florir.
Os frios pés descalços renascem
vivos como as acácias em seu frescor
passam aves, brisas, perfumes
nascem rios e risos largos
e todos a andar, a pisar,
a deixar no pó da estrada
milhares de pegadas de todos nós
que tantas vezes nos perdemos em nossos caminhos.

A lua e eu

A lua e eu somos uma
somos sempre cheias de vida
de graça e de encanto.
Surgimos na noite.

Minguamos na calçada e choramos
partimos para nunca mais voltar
mas não resistimos e voltamos
e os poetas podem de novo sonhar.

Fazemos crescer a esperança latente
e brotar a paixão do eterno momento
Fazemos ressurgir o desejo ardente
e fluir o êxtase do sutil encantamento.

Somos nova alma e novo ser
a brisa que joga os cabelos pelo ar
somos poetas da noite, do alaranjado entardecer
flor que adormece na relva querendo sonhar.

Outubro

Seis horas não há flor
há um frescor ainda
brilha lua nua
sem nenhum pudor.
Alinho o cabelo,
a tarde finda,
o quarto dia silencioso dorme
em sua calada ansiedade
a noite a luz consome
morta a liberdade.
E tudo me vem surgindo aos olhos
em meio à névoa, um novo despertar
como esta vontade de sorrir em todos os lugares
sorrir e andar, sorrir e cantar.
Outubro passa,
passam as dores, tristezas sem fim
e este riso, esta alegria de viver
sobressaem às lágrimas
que brotam de mim.

Paisagem

Tudo quieto, silencioso,
nenhum sussurro que me faça acordar.
Acho que é minha imagem crescendo lá fora
um tanto omissa a este despertar.

São flores, folhas verdes caídas
e braços cruzados, cansados,
crianças que pulam brincando distraídas
e, então, sonhos e olhos cerrados.

É a paisagem correndo tão perto,
anoitecendo, amanhecendo, enfim,
é ela pintando o caminho para mim.

O vento querendo passagem
se perdendo pelas ruas emudecidas de cor,
de sol, de vida
e o tempo quieto, silencioso,
entrando pela janela de minha alma
em luz oblíqua.

Hoje estou como esta paisagem
escorrendo pelas ruas
feito rio sem ponte
sempre ali no mesmo lugar,
mudando de tom, de frescor
bem quieta a murmurar.

Decreto

Quando a tua mão
tocar a minha ao fim do dia,
e eu puder amar com liberdade,

quando o teu olhar,
buscando o meu amanhecer
e as nossas vidas fluírem destemidas,

quando teus passos
deixados na areia molhada partirem,
e eu souber tuas pegadas entre tantas outras,

quando, enfim, chegar a hora de ouvir de novo tua voz,
e o barulho ressoar nas minhas veias
fazendo-me escapar um sorriso
não vá por conta disso pensar
que fará o que quiseres.

Me tens, por um momento, nua, entorpecida e encantada.
Mas não sou tua, não sou boba, nem estou enfeitiçada.

Em todo o caso,
deixo a porta encostada.

Era ele

Era ele o murmúrio das águas batendo no cais
e o canto longínquo seguindo para o farol.

Era ele o prenúncio de um dia fúlgido de sol
da eterna calmaria sem procelas nem vendavais.

Era ele o azul do céu, pássaro e vento
e em minha boca adormecia como alimento.

Era ele o braço forte, a brisa e vela chegando
era ainda remo em punho e, em minha vida, navegando.

Era ele onda e areia, concha e luar
era ele meu poeta, meu amado me levando para o mar.

Corpo

Meu pensamento levará tua imagem perfeita
nos fins de semana sem brilho de sol,
meus olhos sonharão teus movimentos
e chorarão na madrugada a falta do teu encantamento,
minha boca guardará teu nome
pronunciado em prantos no ermo da noite,
minha voz há de cantar-te em versos,
minhas mãos hão de buscar-te adormecidas.
Meu corpo ao relento, cabelos úmidos da orvalhada,
pele gélida e os olhos perdidos na névoa à tua espera.
Meu corpo noturno
amanhecido nas lembranças e no calor intenso do sol
irá como o voo dos pássaros libertos
a ouvir o ângelus das tardes de inverno.
Eu chamarei teu nome
e como o vento buscarei o teu caminho.
Na tua ausência, enlaçarei meus dedos nos cabelos
da noite
e, na ânsia de ver-te chegando,
abraçarei os álamos que exalam teu perfume.

Canto de Penélope

Porque escolhi alguém para amar,
que desliza em meu pensamento
como os cisnes de outrora,
recosto-me em seu peito
e sinto-me como ave à sombra dos álamos do deserto.
Seu corpo todo é luz e sua chegada
converte em arrebol
as sombras que havia no horizonte.
A maresia se levanta vaporosa só para vê-lo chegar.
O sol de seus olhos me dão vida
e eu o quero mais do que tudo.
Quero ser para ele o adorno de seu corpo
porque jurei amá-lo aqui ou em qualquer lugar.
O seu beijo estará sempre em minha boca
e mesmo que a névoa, assombrando as flores no jardim,
fizer estremecer as rosas no canteiro,
mesmo que efêmeras estrelas
surjam na fulgência do céu,
mesmo que a volúpia da noite o faça vagar,
ele será sempre o meu caminho sob o sol.
Meu coração ardente
há de esperá-lo nas serras ermas,
inquieto e ansioso
como um navio que resvala pelo mar em noite fresca,
por entre brisas da noite se perfuma.
Os meus olhos pousados nos seus
descansam agora felizes.
À sua espera percorri longas estradas,

montanhas e campos sem fim
e onde eu ouvia sua voz
sabia que lá estava minha vida.
Busquei encontrá-lo em sonhos
rasgando mares e desertos,
abismos e furacões
e, na ânsia de ver seu rosto
caminhamos noite adentro,
eu e o meu coração.

Fugaz

Quando minhas asas
se abrem à brisa silenciosa,
e a tarde prossegue lenta
assim, como quem caminha para os braços da noite,
compreendo, então, que o tempo é mesmo breve,
breve como um eclipse,
breve como o pôr do sol.
As folhas que lá fora
balançam com o vento
daqui a pouco vão cair.
No caminhar fugaz do tempo e das horas
reconheço a fragilidade da vida
e dos meus passos que se sucedem pelo chão
evapora um rastro feliz
que é levado pelas ruas em noite azul.

E vou assim, neste caminho de sol,
sem tristezas, com alma leve e tantos sonhos.
Vou com olhos que sorriem e um abraço onde
cabe o mundo.

Sem perceber
somos fortes e vencemos medos, nossas dores e feridas
são curadas e o segredo é o tempo que o vento leva.

Então ficamos assim...
Você aí se pondo,
e eu aqui com meus pensamentos e planos.
Solta com meus encantamentos e sonhos,
com minhas escolhas que esta tarde cora.
Você aí, dourado, lindo e distante,
e eu seguindo só, arfante.
Vento que arrefece, incipiente, pés molhados,
não posso esperar indefinidamente por planos inconcretos.
Se necessária a espera, defino-a agora.

O que sou

Eu sou o olhar lançado no infinito,
sou a vontade de soltar o grito,
sou liberdade, sou vazio, sou saudade,
sou destino, desatino e verdade.
Eu sou pés descalços da alma,
sou o ar que vai e volta, rodopia,
sou a chegada que fica e tudo acalma,
sou coragem, sou escolha, ventania.
Eu sou a confiança firme e segura,
sou a paz, a temperança da criança pura,
sou o silêncio, sou canção, sou o pulsar,
sou a vida radiante a fervilhar.
Sou o hoje desenhando o amanhã,
sou o riso, a rosa e a romã,
sou a sombra, sou o galho, sou florada,
sou o atalho, o sonho, o beijo, a alvorada.

Milagre

Faz-se milagre quando o sol se levanta
beija a terra e desperta a planta.
Faz-se milagre quando a manhã nos desperta
e a alma espreguiça liberta.
Faz-se milagre quando o enfermo se cura
quando a chuva precipita na secura.
Faz-se milagre quando é vencida a pobreza
quando o abençoado alimento chega à mesa.
Faz-se milagre quando a mulher gera a criança
quando, da descrença, nasce a esperança.
Faz-se milagre quando o amor ao tempo resiste fiel
quando a abelha com a flor insiste para o mel.
Faz-se milagre quando, de dois, um se faz
quando a vida é plena de paz.

Estou aqui

Estou aqui
se lhe faltar o chão
onde estiver vazio
vier a solidão
e lhe tocar o frio.
Estou aqui
e guardo sua paz
sem nem me lembrar de mim.
Eu estou aqui
para abrandar suas aflições
e guardo mil canções
para você ouvir.
Estou aqui
se a sombra o fizer triste
e você pensar que a felicidade nem existe.
Estou aqui se a lágrima lhe vier
se a resposta você nem souber.
Há estrelas lá fora
perfume e flores.
Estou aqui, estava ontem, estou agora
para te amar, entender e acalmar suas dores.

Me espera

Me espera que eu chego já.
Me espera todos os dias,
nas tardes longas e nas noites frias
e quando o calor voltar.
Me espera quando se sentir sozinho
e não se renda a outro carinho que não seja o meu,
porque também eu não me permito outro acarinhar.
Me espera quando o deixarem ferido
e o sofrimento surgir desmedido.
Me espera na angústia,
nos momentos de raiva e sofrimento.
Me espera nos dias de felicidade
e quando, junto de outros, não se lembrar de mim.
Mesmo assim,
eu que lhe cuido aqui, aí e em qualquer lugar
em silêncio, em oração e distante, lhe peço...
Me espera que eu tenho um mundo de amor sem fim
pronto para o cobrir
é só olhar para mim.
Me espera na saudade, na turbulência do dia,
no campo, no morro, na periferia, na praia ou na cidade.
Me espera na noite que lampeja,
na praça, na rua, no banco da igreja.
Me espera, amor
que eu chego já.

Amor que vivifica

Eu só acredito no amor que constrói.
No amor que protege, que cuida.
No amor que à distância acarinha, idealiza, planeja.
Eu acredito no amor que fideliza e que é merecedor da fidelidade.
No amor que cresce na paciência e na compreensão.
Acredito no amor que entende e acolhe na dor, na tristeza.
Eu só acredito no amor que resiste ao tempo, à maldade.
Eu acredito no amor que sofre silente, que sorri de repente e que abraça sem limites.
Eu acredito no amor que vence barreiras, que se apoia na verdade, que fecha os olhos para o ódio e estende as mãos para o perdão.
Eu só acredito no amor que se preocupa com o bem-estar do outro, com seu descanso, com sua glória.
Eu acredito no amor que faz sorrir e planta flores.
Acredito no amor que agasalha, guarda, que alimenta, ensina a falar e caminhar.
Acredito no amor que espera, aquece, compartilha.
Que agrega, harmoniza, aproxima.
Que encoraja, une, enlaça.
Acredito no amor que se doa, transforma, enleva, protege, vivifica.

Onde está o amor

Onde está o amor está a mão estendida,
os braços que acolhem, olhar que admira.
Onde está o amor está a verdade que liberta,
a paz que acalma, o descanso que recupera,
a serenidade que harmoniza, a confiança que une.
Onde está o amor está a lua que gira, a flor que se abre,
o rio que escorre, a estrela que brilha.
Onde está o amor
está a palavra que orienta,
o silêncio que compreende,
o gesto que perdoa.
Onde está o amor
está a essência da saudade,
a boca que sussurra,
os passos da feliz chegada.
Onde está o amor
está o cuidado que ampara,
o despertar da vida que recomeça ou se esvai,
o toque de ternura, o riso de afeição.
Onde está o amor está a ansiedade do encontro,
o medo de perder, a dor da separação,
a espera do novo.
Onde está o amor está a inquietação do sono que não vem,
a dúvida do agora ou depois, a vontade de parar o tempo,
o respeito pelo envelhecer.
Onde está o amor está a lágrima do tudo acabado,
o apoio no sofrimento, a correção no ato falho,
a conversa sem pressa, a prece de fé,
o ficar para sempre.

Onde está o amor está o elogio habitual, o sacrifício pelo outro,
o pensamento constante, o adeus, o volta-logo.

Nada mais

Eu só queria
você assim sorrindo
e nada mais
um abraço de bom-dia
e nada mais
queria você aqui.
Eu só queria
falar, enfim, segurando sua mão e nada mais.
Que você pensasse em mim a toda hora
e nada mais.
Que não me deixasse ir embora,
nada mais.
Que me amasse um tanto assim
que risse à toa ao pensar em mim
Eu só queria
que de sua boca nunca mais saísse o gosto do meu beijo
e nada mais.
Que meu andar lhe despertasse o desejo
e nada mais.
Que curasse essa dor no meu peito
que me abraçasse daquele seu jeito.
Que em seus olhos estivessem minha imagem, meus cabelos, meu olhar
e nada mais.
Que suas mãos para sempre me buscassem por todo lugar.
Eu só queria
que você estivesse aqui.

Sintonia

Viajando em suas linhas
alcançando seu infinito
vou em suas mãos tão minhas
onde me guardo, onde habito.
Desperta tudo o que sinto
e me faz flutuar como bolha
desvenda esse labirinto
faz de mim teu livro, tua folha.
E quando fica, assim, tão perto
seu coração no meu se deita
iluminando e colorindo meu deserto
numa sintonia perfeita.
Revela o mundo, desvenda tudo com teu sorriso,
respiro fundo, me desnudo
perco o juízo.

Desistir

E se eu...
Desistisse de esperar?
Se o ocaso me chamasse a recomeçar?
Se me aguardasse do outro lado outra canção,
outro sorriso, outro colo, outra mão?
E se eu pudesse imaginar
que lá, onde deveria ser o fim,
houvesse outro abraço a chamar por mim?
E se eu me fizesse enluarar
acima do infinito em outro lugar?

Hortelã

Me faz tua estrada
de poeira, de chuva,
de vida ensolarada.
Já é manhã.
Fica mais em mim.
Me invade vendaval,
me expande, ilumina e clareia
e revela teu figurino toda manhã
na penumbra dessa tua teia.
Bagunça meu cabelo e meu riso,
me ganha com teu improviso,
me saboreia
com teu cheiro de mato hortelã.

Ninho

Quero a sua mão
por dentro da alma
me guiando na escuridão
curando a dor, o trauma, a solidão.
E me faz tão bem
você em mim colado
não diz nada e vem
se faz caminho, chão molhado
e eu, em riscos e traços
desenho sua grandeza voraz
e envolvo sua vida em laços
construindo um ninho de paz.

Espera

Hoje eu sei que esperar
é subir a montanha devagar
e, de lá, olhar o precipício.
Esperar é contar as horas, os minutos,
buscar o sono nos braços da noite,
suportar o tempo que, resoluto,
se arrasta com seu açoite.
Esperar é expectativa, é dor,
mas é também doce esperança
fardo que se carrega por amor
de total entrega e confiança.
Esperar é amainar a ansiedade,
secar a lágrima insistente
sentir um desejo que invade
e toca a alma da gente.

Se você soubesse

Se você soubesse quanto amor
deixou em mim,
não me desfolhava assim,
não me arrancava feito flor
do seu jardim.
Se você soubesse o que plantou
ia esperar o tempo de florir
e entenderia por que o bem brotou
no meu peito, do seu jeito e quis se abrir.

Ah, se você soubesse a força da semente
lançada em meu solo,
mas que germinou na gente
e agora dorme tão silente no meu colo.

Ah, se você soubesse quanto amor
não há ressentimentos, nem mágoa, nem dor dentro
de mim
não me desfolhe assim,
não me arranque feito flor do seu jardim.
Se você soubesse quanto amor há em mim
não me desfolharia assim.

Vai que o mundo gira
e vem alguém e me admira,
me agrada, me rega e para sempre me carrega.

Toque

Enquanto a noite se debruça
sobre a flor que perfuma as folhas
um beijo de gosto camurça
me envolve em bolhas.
O tremor das mãos desaparece
ao toque intenso e viril
de tão desejado é quase prece
cura o medo, a dor, o frio.
Dois, tão completos, tanto desejo, tão iguais
as lembranças ainda vivas nos lençóis
o silêncio e o tempo não apagam mais
o que estava adormecido em nós.
Há, então, poesia e dança
sussurros de alegria e palmas
num instante, ingênua criança
noutro, êxtase do encontro de almas.

A torre da igreja

A torre da igreja, velho marfim,
se lança vigilante sobre as ruas,
balbucia falácias em latim.
Alta e cheia de vaidade
como quem no céu flutua
resmunga com toda vontade.
O povoado olha de esguelho,
evita a praça, desconfia,
vai ao padre, pede conselho.
Mas a torre, que não para, vigia os casais,
bisbilhota os cruzamentos, as avenidas, os guris
valoriza os fatos banais.
Maldiz o povoado, aponta,
desconjura quem é feliz
em tudo vê maldade.
Aí, na hora da Ave Maria,
a torre faz alarde,
badala o sino e escancara
os pecados de toda a cidade.
E a torre, com toda sua crueza
sem um pingo de vergonha na cara
diz que é o sino que fala
por obra de Santa Tereza.

Abraço

Hoje me perdi no teu abraço,
perdi o medo, o tempo e o espaço.
Ouvi o vento e o palpitar do teu peito,
perdi a razão e o caminho feito.
Perdi a hora, o juízo e a sensatez.
Hoje, no teu abraço, sem nenhuma timidez
viajei no sonho e no desejo
que o mundo parasse por ali.
No teu abraço encontrei a chuva e o vento,
o céu e o seu passo,
o futuro e a canção.
No teu abraço, cada manhã nasceu dourada
e eu, nele, feliz, guardada.
No silêncio do teu abraço, me fiz inteira, flor e estrela.
Vi minha vida caber toda num instante, no teu infinito abraço.

Acalanto

Encontrar você
mãos firmemente dadas
é como brincar na gangorra
e por mais que eu corra
caminho por suas pegadas.
Elas, por toda direção
desenham no infinito
seu nome e, então, eu grito
enlaça meu coração.
Sentir, assim, você
é como a pipa que dança
me faz de novo criança
tão felizmente lúdica
incrivelmente mágica.
Então, num sutil acalanto
rodopio como pião e ouço seu canto
beijo sua boca, me afino ao seu tom
me entrego às suas notas, sua pauta, seu som.

Destino

É noite. Visto-me de silêncio e penumbra,
vou ao teu encontro no caminho onde a lua se deita.
É clara a senda que nesta hora à luz se banha
e límpido o olhar que dos teus olhos se espreita.

E vou seguindo-te, longe, pela estrada tua
querendo-a minha, nossa, eterna morada
eis que a minha vida somente com a tua continua
na brisa fresca, num fim de tarde enamorada.

E quando na manhã surgir novo luminar
tu vens em brilho tão dourado e tão ardente
fazendo amena a saudade de minha alma
adormecendo-a ao deitar do sol poente.

E novamente a minha branda voz vagueia
num canto divino, suave como o vento
te chamo, te busco, procuro na areia
teus passos, teus versos, teu movimento.

Detrito domiciliar

Tenho meus segredos.
Por vezes sobre a pia
entre fogo e água sobram-me restos
de embalagem importada
de flor despetalada
até louça quebrada.
Tudo me vem sem muito critério.
Tudo em mim
o útil e o inútil
plástico ou papel
lata ou vidro de mel
brinquedo ou pincel.
Por vezes no escritório
sob a mesa ou no canto
sobram letras
frases prontas ou originais
histórias banais
ou sintaxes divinais.
Tudo me vem por simples descarte.
Tudo em mim
o comum e o belo
o rascunho do prelo
o transversal e o paralelo.
Tenho meus segredos
também na sala de banho
entre o toucador e o blindex
sobram-me detalhes
de intimidade na alcova

fios de cabelo na escova
e um frisson de Anna Pegova.
Há o que me vem
com certa repulsa.
Tudo em mim
o que cheira bem e o que cheira mal
embalagem de antigripal
caixinha de fio dental.
Chamam-me lixo,
mas tenho meus segredos.
Revelo personagens
seus hábitos e classe.
Concluo, por fim,
cheio de dedos,
que, afora as bobagens,
quanta surpresa se eu falasse.

Estrada

Há uma estrada para quem anda devagar
para quem caminha lento
e volve atento seu olhar
o mais distante de si mesmo.

Há um gorjear na janela da alma
por onde corre criança a liberdade
e traz consigo serena a doce calma
adormecida na névoa da cidade.

Há poetas insones nos versos da madrugada
e brisas que se abraçam à pele macia e adocicada.

Bem mais tarde

Bem mais tarde
quando as luzes se apagarem
e a porta se fechar,
quando os passos apressados
se perderem do lugar
vou então, sonhar contigo.

Bem mais tarde
quando as ruas se fizerem desertas
e a lua for surgindo cheia,
quando, enfim, a névoa se apossar
da noite que vagueia
vou, então, sonhar contigo.

Bem mais tarde
quando a hora dormente
espalhar estrelas pelo céu,
quando o outono leve e brando
me envolver com o seu véu
vou, então, sonhar contigo.

Vou sonhar com tua vinda
bem mais tarde,
desejar o que não se finda,
bem mais tarde,
como o dourado sol que arde,
bem mais tarde,
tarde sempre, bem mais

como a chegada do barco no cais
bem mais tarde,
como esse amor que me vem e me invade
feito uma gota divina de paz.

Clarear

Deixo clarear
e tudo se ilumina
se colore cada casa
cada esquina
tudo se abre feito asa
feito menina
é só preciso começar.
Deixo clarear
e tudo renasce
como se fosse florindo
teu riso e tua face
de anjo dormindo
de abraço e de enlace
do amor que se abrindo
desperta no mar.
Deixo clarear
e a Terra azul desperta
na madrugada
meio errada ou meio certa
embriagada
pela luz entreaberta
da estrela amada
que pousou feliz em ti.

Meu caminho

Andei e cantei
sobre um caminho iluminado de sol
onde meus pés tocaram mais que o chão
onde meu passo foi além da ilusão
de um caminho iluminado de sol.

Andei e sonhei
sob um céu amarelado de pó
onde os pardais brincavam pela manhã
onde a visão não era incerta nem vã
como um caminho de alguém triste e só.

Então entrei
pelas veredas lúdicas de um ser
que se faz gota clara de amor
que se faz brisa de um vento em flor
como um sol luminoso a nascer.

Jardinagem

É preciso plantar, já se faz tarde.
O sol caminhou meio céu
ressecou a trilha e seu capim
as flores da encosta sorriem
é inverno fora e dentro de mim.
Hora de mudança.
O vento fugaz arranca dos ipês a folhagem
velha, ressequida, efêmera.
Passa por mim a avassaladora aragem
levando longe meus resquícios
atitudes obsoletas e vãs.
Hora de jardinar.
O frio, úmido e plúmbeo inverno
leva meus fragmentos pelo ar
nuvens molhadas de azul-grená.
Volvendo a terra de meu ser
sinto germinar o riso na alma
leve, livre e lívido
como quem tece a rosa no canteiro
para se disfarçar de brisa e flor.
Esse é agora o meu caminho
aquecido de sol, amarelado de luz
onde a jardinagem começa pela manhã.

A porta

A porta que se abre
trazendo a boa-nova,
que se abre para o sol entrar,
que se abre para varrer a poesia morta,
que se abre para não mais fechar.

A porta que se abre
de manhã cedinho,
que se abre com a prece ao despertar,
que se abre para quem sai devagarinho,
que se abre para quem quer se refrescar.

A porta que se fecha
quando à noite escurece,
que se fecha quando o estranho quer entrar,
que se fecha quando a chuva entra e molha,
que se fecha quando fechado o peito está.

A porta que se fecha
quando a calma vai embora,
que se fecha quando o silêncio quer ficar,
que se fecha feito barragem, se o rio extrapola,
que se fecha feito concha lá no mar.

Brevidade

Sejamos breves.
O tempo passa, e a vida vai como um rio.
As encostas se desfazem com a chuva
feito alma encharcada de pranto.

E o rio vai,
cortando os vales dourados de sol,
refrescando raízes,
rolando pedras e folhas,
afogando caracóis, fazendo bolhas.

Desce e vai
transparecendo fresco e frio.
Assim, rápido e líquido
porque sabe que é um rio.

E o rio vai,
risonho com seu burburinho,
com suas gotas e seus peixes
brincando pelo caminho.

Desce e vai
caudaloso desaguar
assim majestoso, mas vencido,
entregue aos braços do mar.

Mas sejamos breves.
As encostas se desfazem quando a chuva cai,
o tempo passa, as pedras rolam,
e o rio, como a vida, vai.

Colcha de Retalhos

Quadrados iguais
de matizes tão diferentes
separados de um todo
vão formar um novo.
Diversidade de cores
de histórias, de lembranças.
Velhos retalhos
alinhavados por tantas mãos
revelam nova história
relembram ilusões.
Pedaços de infância
tiras de risos e canções
forro de sonhos.
A colcha se faz
com dedos por onde a felicidade escapou.

Dúvida

Havia um bueiro na rua,
e a rua era eu.
Ou era eu o bueiro
que na rua se perdeu?
O bueiro, eu e a rua
confundidos na mesma pessoa
porque ora a rua é o bueiro,
ora eu, água que dele escoa.
Quando eu rua
me envaideço, até nome tenho.
Ao ser bueiro, tudo abarco,
de nada me abstenho.
O bom e o ruim
tudo cai em mim
e no escuro de mim mesmo
me esvaio.
Sendo bueiro ou rua,
sempre em meu leito, espero,
namoro, sem pressa, a lua.
E, no silêncio da noite, com ela me distraio.

Miragem

Eu vejo um lobo no deserto
e ele me olha em meio ao capim.
Embora não esteja tão perto
ainda assim
não me parece mera visão.
O calor por certo me enfraquece
e a vida parece escapar da minha mão.

Enfim,
talvez porque eu confesse
que esse medo um tanto bobo
não seja de todo ruim.
Vejo-me, então, descoberto.
E, ainda que a fera me flagre,
a noite cai no deserto
e, por milagre,
cala o lobo
que grita dentro de mim.

Que olhar é esse, criança?

Que olhar é esse, criança,
queimado de sol,
sem brilho, sem esperança?
Que força é essa que nasce de ti,
que vence o frio, o sono, o sonho,
que quebra as pedras que estão por aí?
Que destino terá o teu quintal,
senão de plantio,
cortando, secando, desfiando sisal?
Que barulho é esse, menino,
que não é de algazarra,
mas de máquina cortante,
que mutila teu corpo e teu destino,
que condena teu futuro num instante?
Que tristeza é essa, de adulto sofrido,
que esconde a alegria,
que oculta a magia
e revela a amargura de um futuro perdido?
Que rosto é esse, que o carvão aquece
e que sufoca a fumaça,
em que não se vê a pureza
que em tua alma se enlaça,
que clama, suplica,
que murmura em prece
o socorro divino da eterna graça?
Que infância a tua, perdida
nas roças de cana, de frutos, de fumo,
sem riso, sem cor, sem gota de vida,
de mãos estendidas, pedindo socorro.

Revelação

Eis que é noite e a insônia me abraça
num afago de penumbra natural
e da janela espio um corpo cuja forma escultural
brinca na fonte da praça.
Parece criança coberta de graça
rodopiando e fazendo sombra no mural
pintando o mapa do seu mundo cultural
tão lúdica ao dia, tão alheia à noite que passa.
Eis que é uma deusa em poesia
cujas mãos revelam o submerso
e são o tom, o som e o verso
que se levantam em suave melodia.
E eu a vejo da janela, esguia
feito menina de alegria fulgural
de olhar castanho e rosto angelical
cintilando vestida de ardentia.
Eis que a aurora chega e a revela
desarmada, tão distante, distraída
e se notando descoberta e sem saída
cora e foge da vista da janela.
Eu sei quem é ela... doce calma
eu sei quem é ela... mansa aragem
eu sei quem é ela... conheço aquela imagem
eu sei quem é ela... essência de minha alma.

Sonho de menino

Era uma noite mais ou menos assim...
com brisa, calor e lua
crianças, sorvete e amendoim
e, também, um menino de rua.
A noite tinha suas estrelas
a lua se perdia no além
e o menino desejava tê-las
porque não tinha a mais ninguém.
E, lá onde a noite era uma criança,
a lua brincava no céu e subia
e o menino sonhava com a esperança
enquanto na calçada dormia.
Porque era uma noite assim
em que o menino era só mais um
e tudo era o começo do fim
sem futuro e sem amor nenhum.
E era lúdico aquele olhar inocente
gratuito seu sorriso maroto
daqueles que tocam a alma da gente
e nos fazem ser um pouco como aquele garoto.
E ele ri quando esquece do medo
brinca entre as ruas da favela
mas, no fundo, esconde um segredo
que a solidão da noite revela...
Era de fato uma noite de lua
cuja beleza naquele menino se dissipava
de olhar órfão e de pele nua
nada pedia, apenas um abraço suplicava.
Porque era uma noite assim

em que o menino deitado no solo
talvez só quisesse de mim
aconchegar-se no meu colo.

Senilidade

A velha que há em mim
se zanga, se chateia
já não sorri assim
não se arruma, nem se penteia.
Vive dentro de mim
como uma cena, um ato
que vai chegando ao fim
de um destino pacato.
A velha que há em mim
já não me causa estranheza
é só mato de jardim
distorcendo a própria beleza.
Vive dentro de mim
desse jeito, quase sem sorte
amarelada qual jasmim
exalando o odor da morte.
A velha que há em mim
quieta onde a solidão existe
espera uma morada assim
onde a carcaça não resiste.
Flagra um rosto puído
e se perde ante o espelho
sem notar qualquer ruído
equilibrando-se no cansado joelho.
A velha que há em mim
viu lentamente chegar cada ruga
viu partir o tempo, enfim,
criando uma rota de fuga.
Vive dentro de mim

escondendo seus fantasmas e seus medos
dizendo que não, dizendo que sim
contando os dias e acalentando seus segredos.

Cantiga do mar

Vindo das águas claras
de calçados de plânctons e rastro de espuma
surge o velho pescador de betaras
cuja face se esconde na bruma.
E, ela, a se dissipar lenta
revelando o antigo barco envelhecido
também a alma do homem que sedenta
submerge no passado adormecido.
O pescador já sem forças e caído
a rede costurada e antiga
ambos no barco apodrecido
à espera da última cantiga.
E lá onde tudo é lembrança
lá onde qualquer caminho é mar
é o velho um pouco criança
é o barco um berço de ninar.
E tudo adormece, barco, rede, pescador
sobre o oceano que murmura seu canto
e fenecem sem medo, sem dor
ouvindo do mar o eterno acalanto.

Dez pensamentos

Primeiro,
há sempre um começo
que vem com janeiro
enquanto envelheço.

Segundo,
a continuidade é fato
e basta estar neste mundo
para sentir-se abstrato.

Terceiro,
minha definição incerta
me faz prisioneiro
da consciência liberta.

Quarto,
se penso: existo!
acefalia descarto
e na reflexão insisto.

Quinto,
frequentemente me pergunto
estou em labirinto
ou já sou defunto?

Sexto,
sem fazer muito rodeio
e sem qualquer pretexto
admito: vivo em devaneio.

Sétimo e oitavo
decidiram a pouco
vão juntos de conchavo
para fazer-me louco.

Nono,
já me acostumo
a esse abandono
e tomo outro rumo.

Décimo,
para tudo há sempre um fim.
Me sinto péssimo
vou fazer um motim.

Ele me chama

Eu ouço o mar
ele me chama
murmura com sua boca quente.
Ele me ama.

Vem me buscar
se derrama por mim
vai e volta insistente
assim… assim…

Eu ouço o mar
ele me chama
quer me encantar
seus sons, seu frescor, seu volume
faz maresia
me entontece seu queixume.

E se acalma de repente
sobe devagar
mas, com tal ousadia
que me leva assim a boiar
até os braços do dia.

Eu ouço o mar
ele me chama
me abraça com ondas de cristais
me arrasta doce e feroz
se exalta, se revolta,

se espalha nos corais
e por um momento ouço sua voz.

Seu azul aos poucos se dilui
e sem nenhuma escolta
ele me chama, me abraça
e finalmente me possui.

Delivery

Anote meu pedido:
Para o desjejum, filho,
flocos de milho, leite e café
pão integral e de quebra um jornal.
Para o almoço, macarrão, moço.
Molho pronto, frango assado
e palmito. Se precisar repito.
De sobremesa, talvez,
flan e, também, pudim de laranja
que não me desarranja.
Para o jantar
bem que eu podia tomar um vinho.
Faça isso: mande um tinto,
um pouco de chá, bombom caramelado
uma costela e licor.
Então, à noite, quando não mais faminto
sentar-me sozinho no sofá,
olhando um retrato amarelado
acenderei uma vela
para iluminar quiçá
a senda do meu amor.
E, quando chegar, amigo
ao número três da rua Santarém
insista com a campainha
porque esta audição minha
já não anda muito bem.
Veja que sou sozinho
que nada há além de um retrato, plantas e poeira

nem mesmo o gato comigo se importa.
É mês de julho
a mesa estará posta
com uma taça para o vinho.
Não faça barulho
pegue o cheque na prateleira
e não se esqueça de fechar a porta.

Sorrindo

Tudo está sorrindo
aqui neste lugar
só porque você vem vindo.
Estou inquieta e insegura.
Estou feliz assim, eu juro.
Só porque você vem vindo.
Quero te abraçar agora,
te ouvir falar,
te segurar até a última hora
no seu sorriso mergulhar.
Me fala do seu dia,
perfuma a minha alma,
enche de vida minha vida,
enche todo este lugar.
Só porque você vem vindo.
Tudo está sorrindo
aqui neste lugar.

Tolice

Havia um lago imenso
havia também uma lua.
E eu olhava o lago denso
como diante de uma mulher nua,
que parecia ter um umbigo
igual à lua cheia.
Então pensei comigo...
Se aquilo não era sereia
é claro que era o umbigo do lago
que estava deitado
olhando a noite que sempre vagueia
desfilando seu vestido brocado.

Romance

A noite e o dia trocam
um beijo que ninguém vê
estrelas cadentes se afogam
num mar de palavras que não se lê.

E os planetas rodam risonhos
enquanto a terra dourada cora
é só um sonho
que vem em lágrimas que a chuva chora.

A noite deixa no céu a lua
o dia entrega à noite o sol
aquela se deita orvalhada e nua
mas enrolada em raios de lençol.

Então,
a noite e o dia se enlaçam
a cada explosão estelar
ora se separam, ora se abraçam
dando o dia à noite um colar.

Um colar de estrelas cintilantes
que a torna sua simplesmente
criança, eterna amante
em cuja boca dorme um sol ardente.

Direção

O meu caminho
que não me leva, nem me traz
também vai sozinho
e não volta mais.
E longo, a perder de vista
perdido na poeira tanta
como eu, chora, porque dista
da aurora que o próprio sol levanta.
E o caminho vai, ora reto, ora torto
ressequido e granulado em pedregulho
como o lutador que combalido, morto
tomba lento, mas tomba com orgulho.
Mas, se é o caminho o portal
que não me leva nem revela o mistério
também é ele passagem do mortal
que adormecido é conduzido ao etéreo.
E é caminho porque vai sem ter de fato ido
porque leva todos, e não apenas um
e traz sem sequer ter conduzido
o tempo todo a lugar nenhum.

João e Maria

João veja o dia que vem,
olha o sol que se levanta,
lá na curva é o trem,
que acinzenta e se agiganta.
Vai, João! Empurra o destino,
olha que o tempo avança
não é mais aquele menino
guardado em remota lembrança.
É a vida, João,
e a fome que chega todo dia
e todos em busca de pão
como acontece com Maria.
Maria que não conhece ninguém
vai lá no outro vagão
todo dia no mesmo trem
em que viaja João.
Não veem no trajeto empecilho
e sonham no balanço em que vão,
chacoalham e se equilibram nos trilhos
até a próxima estação.
Desce João, desce Maria,
correm atropelados pela hora
talvez se conheçam um dia
e falem dos sonhos de outrora.
Vai, Maria! Faz seu futuro,
olha que o tempo não para,
e a fome, mesmo no escuro,
sua boca escancara.

É a vida, Maria,
desafiando assaz o sobrevivente
a preservar sua ufania
ainda que latente.
Assim com Maria, assim com João também,
assim com gente tanta
e não é com quem?
Que a fome as forças e os sonhos suplantam.

Silêncio

Faço silêncio esta tarde
Relvas e rios se contêm
As águas que passam sem alarde
Navegam minha alma e vão além.
Contarei o passear do vento
Incansável por entre folhas macias
Solto voando pelo firmamento
Caindo em pequenas gotas frias.
Oscilando entre chuva e orvalhada
Desce do céu minha saudade incontida
Espalhando-se na terra alucinada
Aguarda tua luz que dá a vida.
Serei silente esta tarde
Serei a ti só amor e ternura
Incandescente como o sol que arde
Supremo bem de paz e candura.
Porei teu nome na superfície da lua
Olharei toda noite teu raio chegar
Réstia de prata que me renova, tua
Ponto do cosmo no qual me deixo guiar.
Infindo sentimento e profundo
Negro qual noite sem luar
Ora adulto, ora criança num segundo
Deita e quieta, vai no teu peito se aninhar.
Agora que o silêncio finalmente se fez
Sinto que todo universo se acalma ao chão
Inclina-se o sol para ver tua tez
Levando-te pela palma da mão.
Vê, se faço silêncio outra vez
Anseio por teu coração.

Eu sou um ser do mar

Eu sou um ser do mar
Que me resta fazer agora?
Lançar rede e esperar
Que venha peixe sem demora.

Aprumo o barco, reparo o vento
Recolho âncora à proa
Solto o timão e o pensamento
Os dois livres... como a graúna que voa.

Eu sou um ser do mar
Sem medo da treva que escura
Me beija qual boca da noite
Me prende em sua cintura.

Vão rede, arrastão, nevoeiro
Vêm raia, robalo, sereia,
Sou lobo, do mar marinheiro
Que chora se volta para a areia.

Eu sou um ser do mar
Que levanta inda madrugada
Que desperta as ondas devagar
Pisando n'água bem gelada.

Sou névoa, sou lua, maresia,
Convés, estibordo, vento sul
Navego o mar noite e dia
Me entrego em seu berço azul.
Eu sou um ser do mar

Quem me olha não vê minha dor
Não sabe do pranto que tento afogar
Buscando nas águas meu amor.

Navego, sem rumo, sem esperança
Escapa-me à mão o paraíso
Olho o céu, há um astro que dança
Há um outro que possui um sorriso.

Eu sou um ser do mar
Eu sou um leme a vagar
Eu sou como a chuva que escorre
Eu sou um poeta que morre.

Um som em mim

Um som, um canto que vem
da voz do convento,
sussurro de amém
levada ao vento,
guiada ao céu.
E o bairro adormece
ninado na prece
que o frade, enfim
salmodia em latim.
Um som, um canto de manhã
de badalo de sino,
ronco de catamarã
me fazendo menino
de passado tristonho,
de futuro e de sonho.
E o bairro recorda
seu barco preso à corda
se o vento sul por perto
o carregar para lugar incerto.
Um som, um canto,
morada de um santo
do dia que brilhante raia
no São Francisco da Praia
do bairro que tem começo, mas não tem fim
e faz uma história e um som dentro de mim.

Hesitante

Quando chega o instante
aquele momento de dar a mão
um suspiro hesitante
transita entre o sim e o não.
Querer em velado consenso
supor felicidades e risos
em doce futuro que, pretenso
se enfeita de estrelas e guizos.

Chave

Descubram-me borboletas e fadas
toque e sutil encanto
de minha pétala esfarfalhada
depois do abraço tanto.
Absorvam-me vaga-lumes e girassóis
faz-se sublime instante
e ouve o silêncio de minha voz
que descansa em tua alma arfante.
Versem-me notas e sons,
em pauta, dedilhado e clave
colore-me com todos os teus tons, amor
liberta-me com tua chave.

Árvores

Almas frescas e vibrantes
carregadas de frutos doces
pequenos e grandes.
Árvores...
recosto de caminhantes
de guardiões da vida
descanso de trabalhadores.
Árvores...
refúgio de passarinhos
berço de aranhas e borboletas
brincando soltas e felizes.
Árvores...
brinquedo de meninos
suporte de balanços e cipós
em tardes de domingo.
Árvores...
proteção em dias de chuva
sombra no grito do sol
ruído de folhas ao vento.
Árvores...
painel dos namorados
lugar de pique-esconde
casa de animais.
Árvores...
matizes que enriquecem a paisagem
contornos de perfeição menina
abrigo de florais.

Distância

Há uma voz chamando meu nome
Tudo mais ficou comum para mim
Ele vem e me faz dele por inteira
Em seus braços sou a brisa, sou canção, sou fogueira
O sentimento que nos vem
Às vezes do mal nos socorre
mas, no silêncio, na distância também
esquecido, sucumbe, morre.

Que faça sol dentro de ti
e que doces palavras
se deitem em teu pergaminho.
Com cuidado teu nome teci
e como lava
fui percorrendo teu caminho.
Que dentro de ti se faça som
e claves com suaves notas
se afinem em diapasão.
Que teu silêncio encontre o tom
o teu veleiro defina a rota
e a tua bússola a direção.

Vou dizer adeus

Desperta-me,
arrebata-me,
porque vou partir.
Lança-me
teu olhar sereno,
teu beijo obsceno
porque devo ir.
Vou dizer adeus,
fala-me segredos,
percorram-me teus dedos
porque vou partir.
Laça-me,
domina-me,
invade minha atmosfera
feito tempestade, feito fera
porque estou a me dividir.
Vou dizer adeus,
vou dar um leve aceno
e num gesto pequeno
vou te olhar, te amar e ir.

Abrigo

Encontrar um coração, um lar, um abrigo
e nele se aquietar quando houver perigo.
Pode reter dor, abismo ou medo
pode ter falhas
ser rijo tal rochedo
mas por preceito
será perfeito se souber amar.
Pode ser inseguro, inibido ou audaz
emotivo, pecador, puro,
tanto faz.
Pode estar inteiro ou partido
solitário ou ferido.
Mas seu recôndito escuro,
onde seu "eu" é essencialmente leal
será o lugar magistral e seguro
se, simplesmente, se permitir amar.

Segura a minha mão e me aquece nesta noite fria.
Fala-me baixinho e me acalma enquanto o sono não vem.
Me afaga os cabelos murmurando a canção do amanhã
me protege, me cuida, me refaz.
Acolhe-me na minha insegurança, me sorri e me derrama seu olhar sem fim
que diz que eu sou o seu melhor presente.

***

Você conhece a grandeza de alguém
quando essa pessoa não te deixa sozinho para enfrentar seus problemas.
Quando ela te diz: vamos enfrentar isso juntos!
Quando ela te dá a mão e enxuga suas lágrimas,
compreende as razões de suas tristezas, de seu calvário.
Você conhece a grandeza de alguém quando ela se une
a você para juntos superarem as adversidades.

Elementar que homens e mulheres busquem a companhia de alguém, busquem o amor.
O bem que o amor faz justifica atitudes transformadoras. Por sua causa pais e mães dedicam suas vidas aos filhos, os casais enfrentam o perigo e até a morte se preciso.
É pelo amor, sim, que renascemos e isso só acontece porque não se trata de um sentimento qualquer.
Esse amor que causa uma revolução dentro da gente não é aquele que surge num encontro esporádico, de vez em quando.
A construção do que é verdadeiro requer interesse, convivência, cuidado, contato, tempo. Querer estar junto, caminhar ao lado,
conquistar a confiança, dá trabalho, leva tempo e requer constância.
Relacionamentos sem compromisso não gostam dessa calma, dessa constância,
dessa responsabilidade, não têm tempo, não querem amarras,
envolvimento, não querem a paciência da construção lenta e constante da formação a dois. Nestes tempos em que "ficar" é a moda, ainda há quem valorize
a construção de sentimentos permanentes e edificadores como raízes para uma vida mais saudável e equilibrada.
Na construção de relacionamentos verdadeiramente comprometidos
com o outro em que se deseja não apenas a própria felicidade,
mas o inevitável milagre do bem-estar que se proporcionam um ao outro.

Ser determinado a conquistar seus planos e objetos, suas metas, seus sonhos é uma virtude.
Mas também pode ser uma teimosia insistir naquilo que não contribui para sua vida
ou com aquela pessoa que nem mesmo quer ficar com a gente.
Aquele trabalho que já não nos traz realização ou nos faz sofrer.

***

Deixe que o vento leve tudo aquilo que entristece você. Que empurre para longe os temores, as dúvidas e o medo. Deixe que o vento dissipe as amarguras e as promessas vãs. Que desfaça as palavras que lhe foram ditas sem verdade, sem pureza. Que o vento desfaça as tentativas de amizade torpe e as aproximações com embustes de maldade. Que desfaça as lembranças amargas e derrube as muralhas que separaram corações. Que o vento apague o rastro que deve ser esquecido do caminho e coloque na alma sonhos novos que virão.

Nada é permanente, ainda que se retire o conceito de tempo. E é assim porque tudo sofre os efeitos das ações dos seres vivos e da própria natureza. O dia e a noite se alternam, a maré sobe e baixa ao longo das horas, a lua muda de fases, as estações do ano se sucedem, nosso humor muda, nossas necessidades mudam, nossa opinião muda. A impermanência não é ruim. Ao contrário, nos permite, por querermos ter bem-estar, sair da apatia, da desilusão, da inércia, do sofrimento, da solidão. A insegurança que decorre da impermanência faz parte da vida de quem ama e é normal que nos deixe inseguros, pelo medo de perder quem está ao nosso lado e de não ser aceito, compreendido, reconhecido. E até por ter de lidar com a morte. Imagine um pai no desassossego de esperar a cura de um filho. Quem ama vive o desassossego da impermanência e isso é natural porque, mesmo com algum desconforto, alguma insônia, quando se dá mais valor para aquilo que constrói, pode-se viver toda a plenitude de um amor.

Quando há equilíbrio, os gestos são harmônicos. Tudo converge para a perfeição. Os ventos brandam, a luz se ajusta, o espaço se molda.
Quando se compreende o outro, a força não fere, a inteligência não se mede... se completa.
Não se deixa escapar a oportunidade do hoje nem a felicidade partir a galope.
Quando se enxerga o outro por dentro,
toca-se no todo, na essência.

***

A gente sabe quando é hora de desistir, de parar de insistir. Dói, mas a gente sabe. Reconhecer isso é saudável. Reconhecer que, mesmo tendo empregado nosso coração naquilo que parecia um novo caminho, é hora de mudar de direção para o nosso bem. A gente põe expectativa nas pessoas e não acontece o que esperávamos. Ouvimos palavras que nos fazem acreditar no comprometimento de alguém e a confiança se quebra. A decepção vem. A tristeza é inevitável. Então, devemos desistir das pessoas? Não... há pessoas pelas quais vale a pena lutar, porque falhas todos nós as temos. Mas, quando o outro demonstra que essa luta é inútil, melhor mudar a direção e empregar nossa energia, nosso tempo, nossos planos, nosso amor naquilo ou naquele que realmente vale a pena.

Você passa por mim e secciona conceitos,
padrões e desalentos.
Passa, sagaz, versado
e fica, ainda que tendo partido.
Me liberta e me aprisiona
corpo, alma e pensamento
e me leva pela mão, ao teu lado.
Achei-te! Não estás mais perdido!

***

Venha-me rápido, venha-me desde ontem.
Faze-me regresso qual infância livre
a correr pelos arredores da alma.
Venha-me cálido e lancinante em cada amanhecer
retalhando o tempo, decodificando desejos,
costurando cuidadosamente cada sonho.
Faze-me tua senda, eternamente.

***

Pela janela que se abre em teus olhos,
perpasso e me emaranho em raízes de alfazema.
Em tua rede, no vaivém de sorrisos,
me embalo até que amanheça o dia.

Quero-te assim, com todo o teu vagar pela manhã
olhos apertados de sonhos e pensamentos fragmentados.
Quero-te ao meio da tarde, caminho de certeza retilíneo,
decalcado de mistas pegadas de esperança.
À noite, quero-te gêiser eruptivo em mim,
peito arfante a lançar aromas e sorrisos de ventura.

***

Havíamos sonhado.
Havíamos chorado a impossibilidade do sonho.
Mas cada qual, sem se saber, estava lá no irreal do outro.
Num dia, sem que as suposições pudessem dar o tom
da razão,
alinharam-se os olhos e as almas se tocaram.
Fizeram-se impermanentes a solidão, o vazio,
a singularidade
quando do gotejamento lento,
mas constante, do encantamento
surgiu nossa dualidade.

O amor não é igual para todos. Cada casal o experimenta de forma diferente mesmo que ele seja formado por esferas iguais. Se o amor, conforme define Platão, possui a esfera do desejo sexual, penso que cada casal o experimentará de forma muito pessoal, de acordo com a necessidade de cada um. Se o amor possui a esfera da alegria defendida por Aristóteles, suponho, também, que não haja uma padronização, posto que a alegria é subjetiva e cada casal a compreende de forma diferente.

E, ainda, se o amor possui a esfera ágape, cada casal experimentará as renúncias a seu modo. O amor, portanto, não é igual para todos.

Hoje eu quero desvendar-te.
Quero ousar subtrair os teus mais íntimos desejos só para mim.
Quero ser chama e seu crepitar
orvalho e sua névoa desafiadora.
Quero tocar-te todo
cada centímetro de teu corpo. Ser-te-ei loucura e desassossego,
saudade e paixão.
Navegarei teus olhos como canoa entregue ao rio. Me deitarei em ti e te farei vulcão. Te abrigarei em mim felino e num segundo te farei menino. E tu me adormecerás serena e ao clarão do dia, me renascerás Iracema.
Revela-te sobre mim
líquido, para além de minha superfície.
Percorre cada minuto
as memórias de minha existência arrefecendo sussurros em meus seios.
Desliza, escorre, inunda-te em mim, alma da floresta inteira.

Porque somos assim
chuva e flor
sinto teu calor e tenho tudo.
Meu caminho já não é só meu
anda junto, sim, o amor, você e eu.
Seu caminhar me rodopia, me leva ao futuro
e volta doce mel da floresta
sou mata nativa, florada em festa
somos cipós, emaranhados somos nós apertados
você chuva, eu flor
você, eu e o amor.

***

As folhas das árvores caem
não escandalizam
nem se fazem de vítimas.
Caem cientes de não voltar.
Tombam numa dança agonizante
planam num mergulho escuro.
Fazem poesia do seu tombar.
As árvores assistem indolentes
a cada folha partir.
Observam seu inevitável desnude
ao lamber do vento que passa.
Eu, às vezes folha, me lanço
e plaino ao sabor do sopro que me abate.
Às vezes árvore, me liberto da velha indumentária
e nua espero pelo vicejo dos brotos ao romper do dia.

Pertença-te.
Conheça bem teus desejos, teus sonhos,
teus planos
e não coloques neles
quem não os compreende,
nem lhes dê valor.
E quando te permitires extasiar pela pertença,
experimentarás a liberdade.

***

Aperto o botão do elevador.
Ele chega voraz.
Vazio, me engole em silêncio.
Desce em solavancos e vai me devorando a cada andar
em vertical e infinita viagem.
Desacelera de pronto.
No espelho revela minhas cicatrizes.
De repente me cospe, estou na rua.
Rio dele.
Caminho na horizontal.

Vem, oh noite!
Vê que caminho, pés descalços sobre a relva.
Reconheço os passos decalcados aqui.
Vem e lança-me rumo às estrelas
como flecha chamejante
e, rodopiando, vestido, corpo e cabelos,
numa valsa infinita,
serei tua poeira cósmica.

Diante do espelho,
à pouca luz,
ajeitando a desordem dos fios
me detenho.
Descubro-me
além das formas curvilíneas refletidas.
Sou alfarrábio na estante
à espera de tua mão
com mil letras guardadas
para se revelarem
quando teu dedo minha folha virar
e desvendar os segredos de meu anverso.
Teu indicador
desliza-me,
da primeira à última linha,
teus olhos devoram-me,
palavra por palavra
e, perto do fim, adormecemos em epílogo.

Quero-te todo em meu abraço
desfolhado ou revestido.
Devotado aos próprios sonhos
e deleites descobertos
ao romper dos teus mais secretos desejos.
Quero-te absorto
em ambiguidades e descaminhos
enquanto eu o conduzo
de olhos vendados ao desassossego sem fim.
Quero teu estalar cortante
nas cavernas recônditas de meu corpo,
a ecoar noite adentro.

Hoje me visto de ternura,
descalço os pés e vou por aí.
Encontrar o vento, soltar os cabelos
e aceitar a mão do infinito.
Me prender nos braços do sol,
firmar os pés em sonhos
me banhar em risos sem fim.
Hoje me visto de maresia e calor,
me escondo em castelos de areia.

***

No abraço cabe a diferença.
No abraço cabe a reconciliação.
Cabe a distância,
a lágrima,
o recomeço,
o amor e o silêncio.
Cabe a saudade.
E, depois de caber,
tudo se avulta
ou se apequena
na completude do ser.

O livro.
Ele me faz leve.
Quando está perto, aberto,
me provoca,
suscita,
seduz.
Em minhas mãos
é brinquedo,
absinto
e o devoro,
de capa à última lauda,
e, no fim,
ele cabe todo em mim.

***

Indo ou voltando?
Se estiver indo, as malas levam desejos,
expectativas, sonhos, frio na barriga, incertezas, planos.
Se estiver voltando,
então, a bagagem e o coração
estão transbordando de histórias para contar,
fotografias,
lembranças,
um sorriso que não cabe no rosto
e uma saudade infinita.
Você faz sua história!

Encontrar alegria nas coisas mais simples,
desprender-se de preocupações,
de preconceitos.
Rir do próprio riso,
correr atrás do vento, perder-se no amanhecer.
Ter os pés descalçados
e livres da vaidade que nos afasta uns dos outros.
Esticar os dedos para alcançar a felicidade
que rodopia bem na nossa frente
e nos chama a estourar em cores de fogos de artifício.
Toda hora é momento de ser feliz.

***

O vento,
quando resvala as copas,
não presume desnudar a árvore.
Ele apenas segue seu curso.
As folhas tombam ou ficam,
cada qual reagindo à sua maneira.
A onda,
quando quebra na praia,
não pressupõe moer as conchas
que permanecem eternizadas na composição da areia.
Há muito mais a considerar
do que podemos supor à primeira vista.

Ser saudade num instante.
Num breve instante,
ser nada mais que uma lembrança.
Somos vento que chega e vai,
aragem do agora estar
e amanhã não mais...
apenas recordar.
Somos voláteis demais.
A vida é um sopro,
mas tudo o que está nela pode ser infinito.

Porta

Passam por mim, homens apressados,
mulheres fazendo o próprio tempo.
Entram crianças embaladas em sonhos,
balões e sorvetes
e saem adultos perplexos com a crueza do mundo.
Ao me abrir me chamam oportunidade.
Quando me fecho
sou a divisa do chegar e partir,
começo e fim.
De um lado guardo,
abarco, velo.
Do outro segrego,
rejeito, expurgo.
Do lado de dentro faço cativos,
tranco segredos,
impeço a fuga,
protejo do frio,
aninho, escondo volúpias
e amores para toda vida.
Aberta sou expectativa,
fechada... talvez.
Do lado de fora revelo o desconhecido,
a aventura, o perigo e o alarido do dia
que se contrapõe ao adormecer da noite.
Sou passagem entre o ontem e o amanhã.

Entre nós... o tempo.
Nos embala desde o nascer e
nos engana, enquanto não nos percebemos crescer.
O tempo estica nossas pernas,
muda nosso rosto, nosso sorriso quando revela o dentinho
e lá se foi a primeira infância.
O tempo nos faz perder o colo, o peito, o berço, o medo
de andar.
O tempo cura joelhos ralados, pés esfolados, piolho,
brigas de rua, coração partido, saudade. Mas, às vezes,
não cura... só esconde.
Transforma crianças em meninas atraentes, moleques em
rapazotes apaixonados, pirralhos em sonhadores juvenis.
O tempo adormece mágoas, feridas, vergonhas, sonhos.
Tudo fica lá, guardado, esperando a mão corajosa ou
atrevida que vai querer remexer para curar ou arder.
O tempo carrega esperança, mesmo para quem já nem
tinha mais e encandeia pequenas brasas.
O tempo desmobiliza, isola, enfeia. Mas, também amadurece, apazigua, evolui.
O mesmo tempo que se desenrola lânguido ou feroz, se
arrasta para o velhinho no banco da praça e voa sob os
saltos da executiva.
Não é vilão nem cordeiro, porque apenas passa como
cavalo encilhado, à mão de cada um. Aproveita-o o sábio.
O ressentido se senta, se zanga e o culpa, simplesmente,
por passar.

Dentro de cada um,
um pulsar, um correr
um vagar.
Em cada um
o sonho que é só sonho
o realizar, o delírio
o cuidado
o planejar.
Dentro, o segredo do ser
que só cada qual se sabe,
seu próprio julgar, seu culpar, seu perdoar.
Olhar para dentro às vezes dói
porque ali a imagem é nua
sem maquiagem
sem túnica
sem banho
sem desculpa.
Às vezes, olhar para dentro
é se compreender
encontrar raízes
sua anamnese
suas razões
seu perfume.

Eras luz e foste entrando, tomando todo o lugar.
De repente, fizeste dia em mim.

O coração cheio de amor pulsa vibrante.
Nele transborda a calmaria, a leveza, o riso, a plenitude.
Elementos vitais.
De repente, um golpe. Ele olha e percebe que foi ferido.
Trôpego, cambaleia, tomba e sangra.
Seu pulsar enfraquece.
Pelo ferimento vai perdendo tudo o que lhe era vital.
Começa a entrar em colapso, fibrila, agoniza. Cada vez mais fraco.
E quando, já nos últimos momentos, gélido e arfante, surge alguém que o pega, sutura, alimenta, acalma, acarinha. Reanimado, ele rubra, vibra, pulsa.
Outra vez à vida!

***

Fui passando pelo quarto e, de relance,
quase sem querer, me vi no espelho.
Cama feita, luz da manhã entrando em raios lentos e suaves
como dedos longos a me tocar o dorso.
Voltei um passo atrás e me vi, nítida.
Uma mulher que, todos os dias engole lágrimas,
luta arduamente
e distribui perfume e sorrisos.

De todo este sal e seu sabor,
deste silêncio em volta de mim,
de todo este céu expandido,
do colo desértico que me acolhe, me ama, revela,
do espelho d'água que não me reflete, mas observa
e clareia,
do acalento que busco em cada distante erupção,
sou sol, areia, grão.

***

Ao passar por ti
não fui tão ingênua.
Sabia o que intencionavas.
Ainda assim, cuidei para não me resvalar em tuas garras.
Apesar do meu vestido curto, o levantei um pouco mais para facilitar os movimentos.
Curvei-me. Primeiro lancei sobre ti uma perna, depois o quadril, o tronco e, de repente, quando pensei sobrepor-te, inteira, me rasgaste o vestido e me agarraste pelos cabelos. Com jeito desvencilhei-me de ti. Ainda bem que não me arranhaste, maldito arame farpado!

Eu já estive em mil pedaços, rasgada por dentro, perdida.
Já senti vontade de pular no vazio, sumir no mundo, dormir para esquecer a dor, desaparecer.
Já me senti sem forças, sem coragem, sem esperança e chorei até me faltar o ar.
Tive medo de fazer escolhas e suportar consequências.
Senti vontade de bater, gritar e até desistir dos meus planos.
Mas, quando me pus em pé, desejando lutar por aquilo que era importante para mim e decidi caber num abraço, todos os meus pedaços foram juntados, costurados, colados e, um a um, recolocados no lugar... me reconheci e tudo mais ficou pequeno depois daquele imenso, verdadeiro e infinito abraço.

Esta tarde

Morri um pouco no fim desta tarde.
Quando as promessas escritas na janela escaparam
pela fresta
e o café esfriou à mesa
à espera de quem não se sentou.
Morri no silêncio da pergunta não respondida,
no olhar culpado e solitário, na dor sorvida.
Morri na frieza do aceno que não veio,
no vazio dos lençóis ainda feitos,
na imagem irrefletida do espelho.
Morri no sufocar das paredes,
nos passos que deixaram o assoalho,
na varanda sem ninguém.
Morri quando, ao olhar a rua,
à sua espera, percebi: não vem.
Morri um pouco esta tarde,
de luto,
de tristeza,
de saudade.

Às vezes, a rajada do vento que chega é só molecagem,
estrepolia.
É que vem assim, matreiro, em rodopios
contando vantagem do coqueiro desfolhado,
dos balões dispersos no ar,
do barco arrastado.
E, quando me encontra, me abraça,
e a gente se ri do meu vestido levantado
e do meu cabelo que ele embaraça.

***

Resto de dia
solitário o desafio
das pegadas na estrada
e o vento que venta na paisagem
busca a mão e a face fria
coberta pela madrugada.
Resto de sonho
escondido em morro e rio
ouço passos na escada
lembrança, memória, miragem
e o frio serpenteia, invade,
corta, navalha, fere, vagueia
e faz saudade.

A vela apoitada no cais
que o vento castiga
beija, confidencia,
a vela cortando bruma,
lambendo-se de sal e espuma,
gemendo a bombordo sol e chuva,
a vela, extasiada em ajuste,
que se levanta
e se joga no oceano
evaporando calor,
a vela que ele enamora, envolve, iça e recolhe,
a vela... mulher do velejador.

***

A vida é um farfalhar de borboleta
que ora foge do ataque da vespa,
ora brinca liberta no ar.
Às vezes se perde ingênua entre o verde
disfarça, volta e vem a flor beijar.

***

Me equilibro na clave de sol
linha a linha desvendo teu pentagrama.
Me faço tuas baquetas e chimbal
ressoando fás, mis e dós em *heel down*.
Amanheço em flashes de groove e swing,
enquanto seus passos marcam *paradidle* e *pivot*.

Quando sei que é amor? Quando ele constrói, protege e cuida.
Quando mesmo à distância acarinha, idealiza, planeja e respeita.
Sei que é amor quando fideliza e cresce na compreensão e na generosidade.
Porque mesmo na escassez, no pouco, na dificuldade, fica e luta.
Porque entende e acolhe na dor, sofre junto e se fortalece mesmo onde sobraram cacos e cinzas.
Sei que é amor porque resiste à passagem dos anos, à perda da juventude, da saúde e valoriza a sabedoria que só vem com maturidade.
Porque em nenhum momento um diminui o outro e dois são um.
Sei que é amor quando mesmo enxugando lágrimas é possível sorrir e abraçar sem limites. Quando se oferece um banquete, mas o sono derrota a fome e é preciso guardar o jantar. Quando se colocam todas as forças para o barco não virar.
Sei que é amor porque vence barreiras, porque se apoia na verdade, seja ela qual for.
Porque aquele buraco no peito só se preenche com perdão.
Porque o mau humor de um acaba num instante quando tem o aconchego.
É amor porque se preocupa com o bem-estar do outro, com seu descanso, com sua glória.
Sei que é amor porque acalenta, faz sorrir, planta flores e é incapaz de ferir deliberadamente.
É amor quando a promessa é voto, compromisso, honra.

Porque agasalha, guarda, alimenta, faz planos e toma pela mão no caminhar.
Sei que é amor porque espera, aquece, compartilha.
Porque faz o outro caber inteiro,
agrega, harmoniza, aproxima.
Sei que é amor porque em qualquer situação o brilho nos olhos está lá e um sorriso ilumina tudo dentro da gente. Porque ri da piada cem vezes contada e consegue ver virtudes sempre. Porque a escolha se renova todos os dias. Nos desafios encoraja, enlaça, se doa, transforma e há um companheirismo mútuo para continuar no propósito de dia a dia aprender tudo isso juntos.

Sobre a pele nua
ainda úmida de palavras mornas
visto saudade.

***

Nossas diferenças.
A imperfeição do ser
Assimetrias, obliquidade,
lados díspares.
Aparentemente desconexos
e tão ligados entre si.
Radicais livres destrutivos
imunidade instável, morbidez,
vincos, flacidez.
Hemifaces desiguais.
Aminoácidos,
imagem refletida de cristais.
Somos lindos na desigualdade
e, preciosamente, únicos.

***

A abelha vem, ferroa seu amor
e me deixa doce feito flor.

Não deu.
O tempo me falta.
Ia arrumar as gavetas,
separar as roupas que não quero mais. Não deu.
Organizar os livros, mexer nas tralhas, escrever meu artigo. Não deu.
Me dar ao carinho, um abraço amigo, rir um riso, caminhar. Não deu.
Conhecer uma cidade nova, tomar um vinho, brincar. Não deu.
Amanhã. Faço tudo amanhã.
O amigo, o livro, o riso, a roupa, a cidade, o vinho, o amor
tudo morreu, menos eu que nunca vivi
porque não tenho tempo.

***

A vida, às vezes, é uma trama
rude, seca e bruta.
Nos bate, fura, arranha.
E a gente, vai indo trôpega, sangrante, combalida, até que
encontra abrigo, abraço e cura
em quem nos ama de forma desmedida.

Nada meu.
Nem sapatos, túnicas ou botões.
Sem pertences em ouro,
gato, ou cartões,
sem bagagens,
nem coleções.
Nada por mim,
nem cigarro, ou perfume,
poltrona de cinema,
nem senha, nem carro,
vaga-lume ou poema.
Nada meu.
Sem véu, sem cadernos, boletins,
nem recado, nem promessa.
Nem céu ou inferno, querubins,
sem pecado, sem pressa,
sem pegadas, sem tristeza,
nem terra, nem insônia.
Nem jangada, nem correnteza,
nem serra, nem parcimônia.
Nada meu.
Nem foice,
nem faca,
nem grito
sem ápice, sem estaca,
ou espírito.
Sem janela, sem cortina,
sem prazo,
nem vela, nem esquina
nem acaso.
Nada meu.

Nem memória,
nem história,
nem eu.

***

O amor corre nas veias
fluido, vivificante,
em letras gregas,
andar pulsante
qual maré cheia.
Quando a chuva chega
abundante sobre as pedras quentes
emana vapor,
aguça vontades,
prende entre os dentes
lembranças e um cheiro petricor.

Não te demores onde o vento chora
e a solidão sangra.
Não te demores se abraços não cabem,
a lealdade não existe
e sorrisos morrem.
Se não houver amor onde estás
regressa rápido,
pois o tempo não há de voltar
e nada floresce quando sufocado por espinhos.
Plante estrelas,
alce voos,
descortine estradas e canções,
colore o caminhar.
Apressa-te.
O bem-estar repousa na simplicidade.

***

Depois de sussurrar queixas ao travesseiro
se a noite não lhe abrandou as dores, ainda assim,
se arrume e vá à luta com um sorriso contagiante.
Não entregue a qualquer um seus pontos fracos.

Se faltar tempo, equilíbrio, dinheiro, cor.
Se faltar argumento, filosofia, reflexão,
não deixe faltar amor.
Se faltar paciência, assunto, opinião.
Se faltar encanto, futuro, toque, audição,
Por favor, não deixe faltar amor.

***

No meio do caminho experimenta-se dor, silêncio e riso. Tudo é fruto de escolha.

Entrei certa de tomar um café e, atraída, sem explicação me vi cercada de muitos deles, alguns estrangeiros, europeus, africanos, estadunidenses e, claro, nacionais. Poéticos, cômicos, misteriosos, cada um se mostrando atraente à sua maneira, mas confesso que os filosóficos me arrebatam. Quando me dei conta um deles já havia me seduzido por completo. Senti um desejo de saber mais sobre ele, seus detalhes, suas mensagens subliminares e, não mais que de repente, o levava comigo para casa. De fato, não opus qualquer resistência, afinal estava claro que ele aguardava por isso. No percurso havia uma ânsia, uma agonia em chegar e me entregar a ele para saber todos os seus mistérios. Abri a porta da sala e, ali mesmo no sofá, sem pressa, senti sua textura com a ponta de meus dedos. Aquele toque vicia. De aparência misteriosa, havia tanto por descobrir. Suas palavras foram me possuindo, uma a uma. Sentada ali, e ele me fazendo sonhar não vimos o passar das horas. Meu corpo cansado pediu para se deitar e recostei com ele ainda no sofá e ali ficamos absortos, até que a fome foi impiedosa. Deixei-o por um momento, descansando sobre a almofada e sorvi um rápido lanche, pois queria voltar ao deleite por um momento abandonado. Aproveitei a pausa, fui ao banho, enquanto ele ficava à minha espera. Retornei a ele envolta em toalha, pele úmida e perfumada e com uma taça de vinho tinto e seco. Não podia tirar os olhos dele, pois cada palavra sua penetrava em meus sentidos como fagulha incandescente. Mais alguns minutos mergulhada em cada detalhe seu até que o sofá ficou pequeno para nós e a cama

era o destino derradeiro para terminarmos a noite.
Aconchegados entre lençóis de macio algodão avançamos um pouco mais pela noite e quando adormeci, ele, o livro, descansava ao meu lado esperando nosso próximo encontro.

***

Que segredos esconde a mulher que passa
apressada, cabelos de sol, contando as horas?
Que perguntas lhe povoam a alma aflita,
dividida entre partir ou ficar, fazer ou findar?
Que mistérios a desvendar de sua pequena caixa
que guarda algemas e sonhos, fortaleza de estrelas?

Somos folhas e caminho estreito
desconhecendo o chegar.
Transição entre o broto
o florir e o secar
num valsar perfeito.
Somos ferrugem ao passar do tempo frio
diálise de reflexões
que nos invadem feito rio.
Somos esperar contínuo e pulsante
flores que tremulam ao desfilar da hora.
Somos ansiedade
olhar perplexo
errante.
Somos criança que sorri
abraça e chora.

Mulher ama perfume e sapatos.
Ama bolsas também.
Algumas amam os três, alguns ou nenhum.
Muitas amam o moletom, os pés sobre o chão, face lavada.
Adora o espelho quando lhe revela beleza e o odeia também se não lhe atribui formosura.
Para outras, espelho só serve para ver se os dentes estão no lugar, afinal, o que é o espelho? Nada.
Mulher vê tudo, mas só se quiser ver. Vê até o que não existe.
Vê sujeira onde ninguém vê. Mas está lá. Pode apostar.
Mulher faz o dia ter cinquenta horas com todas as cores daquela palheta interminável de nuances.
Mulher faz um dia ruim ficar bom, mas também pode acabar com ele.
Se diz que vai, vai mesmo e nem adianta tentar impedir.
Mulher é deusa. Comanda. Planta amor. Tem mão de fada, dedilha a terra com tanto afeto que as plantas lhe sorriem, os musgos rastejam, as seivas dançam.
Mulher quer camiseta, bermuda, tênis, chinelo de dedo. Mas também vestido de renda, salto alto, joia, maquiagem. A mulher quer acordar cedo, pôr a mesa, sair para o trabalho. Mas também quer se levantar tarde, ficar de preguiça, tomar café na cama. A mulher quer ardência, brasa, fogo. Mas quer também remanso, águas rasas, paragem.

Onde todos reclamavam riquezas, nós as produzíamos.
Não sonhávamos apenas.
Nossas mãos tinham feridas e o perfume de cada amanhecer.

Paramos de chorar o infortúnio e saímos pelo caminho semeando o futuro.
Para alguns éramos magas, mágicas, deusas.
Mas o único poder que nutríamos era de não desistir nunca.

Toda mulher deve ser sonhada
e que, nesse sonho, seja descoberta.
Que seu ímpeto alavanque outras
e as torne prósperas.
Que sua maternidade floresça delicada e majestosa
como uma árvore frondosa.

Que sua força e coragem inspirem outras mulheres
a moverem o mundo.
Que seja sonhada
como guerreira do amor e da harmonia
e seu perfume acalme todos os tormentos.

Toda mulher deve ser sonhada em sua plenitude,
no seu saber,
no seu falar,
no seu fazer.

Que toda mulher tenha liberdade para fazer seu destino.

Toda mulher deve ser sonhada
como a grandeza do fogo,
do oceano, das estrelas, da eternidade.

Que toda mulher seja respeitada.

Sapatos. As mulheres do morro e da periferia não têm sapatos. Algumas têm, mas nem todas. Assim como as mulheres da cidade estão sempre sem sapatos, dizem que nunca os têm, mesmo quando têm muitos. Sempre falta aquele para uma ocasião especial. Porém, todas as mulheres — com ou sem sapatos — têm pés sofridos, cheios de calos, rachaduras, joanetes, unhas encravadas, pés doloridos, cheios de histórias. Todas as mulheres que lutam têm os pés cansados. As mulheres do morro, da periferia e as da cidade seguem o mesmo caminho: da labuta, do saber, da fé, da dificuldade, do triunfo, do fracasso e tantos outros. Caminhos floridos ou cheios de espinhos. Iluminados ou sombrios. Sobem ladeiras, escadas rolantes, becos, ônibus, palcos, trilhas. Caminham resolutas ao amanhecer e retornam exauridas ao final do dia. Os sapatos não fazem as mulheres, nem do morro, nem da periferia, nem da cidade. São elas que dão aos sapatos a sua significância de ser. Em qualquer pé, seja da periferia, do morro ou da cidade é a mulher que o faz imponente, confortável, humilde, inexistente. As histórias dos sapatos das mulheres do morro e da periferia são de luta, de sofrimento que é sacrifício, de coragem, de inconformismo, de insônia, igual às histórias dos sapatos das mulheres da cidade. Igual, mas diferente. Muitas com mais dificuldades do que outras. Quando ambos os sapatos se encontram pode-se até distinguir de onde vieram. Percebe-se, no entanto, que as mulheres neles calçadas carregam um determinismo em sua trajetória: o de fazer uma nova história, ditar o futuro, levar conforto, confiança, proteção. Para as

mulheres do morro, da periferia e da cidade a vida é
um infinito caminhar.

***

O amor, sem alimento, morre.
Saciado, expande, transborda, escorre.

***

No olhar atento
no detalhe
encontra-se som.
Percebe-se o que não está.
Embriaga-se.

***

O som que me invade
quando você chega
é daqueles que fazem o céu
se iluminar inteiro.

O tempo avança com seus tropeços.
Tropeçamos na memória,
nos próprios pés,
nas verdades,
nas certezas.
São as marcas do tempo que vêm
monocromáticas e plurais.
O silêncio, o vazio
se movem lentos,
sem pressa,
sem esperança.
O vazio não amanhece de repente.
Vai chegando devagarinho
como a tarde que vai se apagando.
Quando o calor da maré me fervilha
assim, pé desnudo, despretensão,
relembro o arrasto na areia
cada onda cortando a quilha do veleiro
indo distante
ao sabor de rajadas e correntes.

Porque o sol me promete surpresas
ao deitar comigo
e cores vibrantes ao despertar
me banho em luminosidade.
Ao final, quando o céu se abre numa imensidão oblíqua
revela não ser ele, mas eu
que, amortecida em fugaz apogeu
me faço deusa, heroína, divindade.

***

Me espera depois do vento.
Vou estar ali, depois da próxima curva,
na contínua e fresca estrada
vendo você chegar.
Me espera depois do aceno,
do despertar das verdades rasgadas
em palavras quebradas.
Me espera no balançar das horas
que escorrem sob os trilhos
úmidos de segredos e risos.
Me espera no aconchego do café que evapora,
no torpor o último gole,
na maciez da pele envelhecida em lençóis de cedro.
Me espera com toda a sua derradeira incerteza,
suas angústias, suas dores.
Eu chego já.

Quando a tarde
se debruçou sobre mim
fria e sem fôlego,
entregou segredos,
coloriu olhos perdidos,
as palavras não ditas.
Iluminou passantes,
reacendeu as vontades e
coube inteira,
num desmedido e infinito abraço.

***

Eu não vou ficar pelos cantos
cabisbaixa, remoendo saudade.
Eu não vou me encolher entre os lençóis
chorando ausência.
Vou para a rua sorrir fantasias
douradas de lua cheia
e me refletir quebrada,
mas inteira
na face de um novo dia.

Aquele perfume,
quando passa por mim,
faz minha pele arder como fogo,
feito brasa no inverno.
Reacende lembranças.
E as turbulências do dia, morrem
no ressoar de palavras dentro do peito.

***

Tudo se esmaece na passagem do tempo.
Os rancores, ressentimentos,
tudo se dissolve.
Mas o amor
pode reconstruir fragmentos,
acalmar tempestades,
agrupar os átomos das sensações
preenchendo expectativas,
aplainando ansiedades,
criando cognições.

As mulheres do morro são fortes.

Nem mais, nem menos que as outras. Apenas se mostram na resistência da dureza da vida.

Suam na escala da dor, gemem no silêncio da fome, dormem na miséria de sonhos alquebrados. Mulheres de almas depenadas da sorte, alvo do abandono e do infortúnio. Ossos expostos, caminhar lento, cabelos emplumados e presos sem poder esvoaçar. Uma força inesgotável move as mulheres do morro, que recolhem o lixo, varrem as escadas, dão bom-dia, criam os netos, alimentam os cães, fazem o café, contam as moedas, pintam panos de prato, arrastam chinelos, ignoram as próprias rugas, recolhem as roupas do varal. E tudo com aquele olhar de mulher valente, nem mais, nem menos que as outras.

Ao menor sinal de tempestade
recua
distancia
cria barreira.
Sê inteira
para viver plena.

Você me dá seu tempo
e eu o bem-estar.
Você me dá suas falas, suas conversas
e eu aprendo com elas.

Você me dá seu sorriso
e eu o transformo em coração.
Você me dá seu apoio
e eu o devolvo em gratidão.

Você me dá seu ombro
e eu faço dele um ninho.
Você me propõe uma casa
e eu o transformo em lar.

Leito

Me vejo
ao esticar os lençóis.
Me vejo e
me vejo bem.
Há sonhos ali
meus, seus, nossos,
despertando ao aroma do café.
Sobre os travesseiros, sinais da noite.
Em cada franzido da coberta
um corpo entregue ao sono.
Em cada dobra do lençol
um descansar do hoje
e o esperar pelo amanhã.
Sonhos e cansaço
agora soltos sobre o madrigal.
Nas tramas do algodão
o perfume exala ainda,
e o calor deixado não se dissipou.
Vejo o descansar que ainda vibra sobre a cama em desalinho,
o peso do dia jogado no leito,
buscando silêncio,
aconchego,
ressonar.
Cama feita.
Nos vejo bem.

Lufada

O vento leva tudo.
A nuvem, os vestidos, o chapéu.
Leva areia aos olhos,
balões para o alto
pássaros do ninho.
O vento leva casas,
folhas, papéis e gente.
Leva pólen,
pipas e estrelas.
O vento separa aqui e junta lá,
gira o moinho,
faz ondas no mar.
O vento assobia vida,
alimenta o incêndio,
traz olor.
O vento retorce estruturas,
semeia sorrisos, move o barco à vela.
O vento afaga os cabelos,
dança com árvores,
passeia com as dunas do deserto.

Que ingênuas lembranças me vêm e ascendem como borboletinhas ao sol. Há dedinhos infantes com risadas e mãozinhas alcançando bolhas de sabão. Pés em ponta correndo e se lançando nos braços do futuro ficam suspensos no ar. Tudo no entorno é inocente e pueril. Planos, só os de pendular no balanço, assoprar dentes de leão, colocar capuchetas ao vento, encontrar bichos de nuvens no céu.

Aí, de repente, a roupa pula do tamanho 6 para o P adulto, os pés só se encaixam no 36, a cabeça flutua, a acne resolve dizer que a vida não será tão fácil e nos lembra que não dá para sair sem levar bolsa com absorvente íntimo e desodorante e, então, por que não levar também batom, perfume, pente, carteira e celular, piranha, elástico, pois o cabelo vai ficar rebelde. Agora, os dedinhos que alcançavam bolhas mandam likes, os pés que ficavam na ponta correm contra o relógio, as nuvens cospem tempestades e os planos, qual borboletas, aguardam, no balanço, sua vez.

Complexo de Golgi

Não tenho muito...
Só uma varanda
de onde saem meus versos
e de onde recebo a lua.
Ela entra
se ajeita e explode.
Clareia o lugar
o tempo
invade a pupila
e vai encontrar meu complexo de Golgi com magnitude vésper.
Abandona sua rotina celeste
e me vem à orbe nada discreta
em giros lentos.
Gravitaciona em volta de mim
sussurrando minguâncias
se aquieta em fases, eclipsa e sai
a caminho do empíreo.

Gosto de viver

Eu vivo com gosto.
Com gosto de hortelã refrescando o paladar e os cabelos. Vivo com gosto de sol, chocolate quente, cinema e pipoca. Eu vivo com gosto de viver.
De viver o hoje, o agora, com planos para o futuro e abraço aconchegado de amanhã.
Eu vivo com gosto.
Com gosto de arco-íris, enquanto toca um rock num disco de pizza.
Tenho gosto de viver.
Gosto de queijo brie com geleia de laranja, manjericão e espumante seco.
Vivo com gosto de cinema, pipoca, coceguinhas, risada por bobagem, cerveja gelada.
Vivo com gosto de música no carro, vento no rosto ao pegar estrada, neve, meu amor esquentando meus pés gelados ao dormir.
Vivo com gosto de abraço, banho de mar, pão na chapa, amendoim.
Vivo com gosto de esperar pelo colo, encontro com amigos, sorriso de bom-dia, dedos entrelaçados, lua estourando no céu, passeio pela rua.
Vivo com gosto de viver.

Migalhas não me saciam.
Sou bicho voraz.
Tenho fome de cumplicidade,
verdades, entregas.
Se não te ofereces inteiro,
poupa-me o tempo,
o tédio,
a estupidez.

***

Nos porões de uma vida, sombras, ruídos e dor
se escondem nas paredes escuras.
Raios de sol se embrenham pelas frestas e desafiam
o lugar,
convidando à liberdade.
Vá!

***

As horas correm na mesma direção.
As ondas e as folhas
ao sabor do vento.
A vida
ao saber das escolhas.

Enche-me de estrelas.
Faz-me teu céu de vaga-lumes
e adormeçamos
embriagados de poesia.

***

Há vazio
que dói,
queima,
lateja.
Na brasa ardente
um nome encandeia e,
no calor que crepita,
lê-se na chama... saudade.

***

A noite
traz a escuridão
para que os olhos apaguem
as dores que o dia eriça.
E, na profundeza do sono,
expira soluços,
acalma lamentos,
arrefece vendavais.

Eu o vejo
todo dia
mesmo sem você estar.
Não é na fotografia
é no meu próprio olhar.
Ah, eu iria
eu correria o mundo
o oceano mais profundo
eu iria até
o fim da vida,
e meu último dia seria
só para lhe encontrar.
Por mais um abraço
por mais um afago
por mais um olhar.
Todos os dias
eu o vejo.

***

Estendo estrelas no varal
e antes que a noite me tome
secam nuvens que recolho com seu nome.

Aquele breve instante
na tarde
de palavras caindo ao chão
pés descalços em todos os tons
rastros de poesia viva.
Nenhum sol
vai amanhecer
enquanto você não chegar.
E é o chegar perto
chegar dentro
chegar inteiro
chegar eterno
infinitamente.

***

Me invade com teu olhar oblíquo
expande, ilumina e me clareia
revela meu figurino
na penumbra de tua teia.
Bagunça meu riso e meu cabelo
me ganha com teu improviso
eriça minha vida, minha rotina, meu pelo.

Águas calmas

O amor em águas calmas
é como um sonho acordado
reflete o dia que chega
rompendo o abismo calado.

E seu rumo nessas águas
é como um pássaro guiado
enfrenta medos, tormentas
e desce em porto abrigado.

O amor em águas calmas
corre nas horas sem pressa
percorre mares, geleiras
quieto em onda, regressa.

E seu canto e chegada
vão me arrastando de enlaço
me deixo ser dominada
e vou seguindo seu passo.

Vez por outra quando venta
a onda cresce num grito sonoro
mas o amor amaina a tormenta
e eu me abrigo em seu colo.

Quando a tempestade
me invade
com sua enxurrada
me arrasta impiedosa
pela encosta amarelo-capim.
Arranca minhas raízes
revolve filos e flores e,
sem se dar conta de mim,
das minhas feridas e dores
despenca em descida
me amontoa entre galho e pedregulho.
Ali, na terra que junto desceu
eu, um tanto desfalecida
me agarro e,
no meio do entulho,
recomeço o ciclo da vida.

Tarde de domingo,
coração sangrante
e mãos guardadas no silêncio.
Morri um pouco
no vagar das horas
enquanto as sombras
desfilavam na estrada quente.
Os pés feridos insistiam no caminhar de uma dor
que não seria para sempre.
A fome, o medo e a descoberta
de ter somente a companhia de minhas agonias.
Aquela tarde era solidão.
E se morre de fome,
se morre de desamor,
se morre de tristeza,
na crueza do caminho
todo dia
se morre um pouco, sozinho.

***

Esperança e agonia,
eu sem você
sou soldado no front.
O amor não correspondido
é uma batalha injusta,
estúpida,
sangrenta e cruel
que se trava com a gente mesmo.

Esses teus olhos de savana,
profundos,
quentes,
fascinantes,
convidativos.
Olhos de avelã
que me fazem entardecer.

***

Dos olhos para dentro
possuo um mar de defeitos.
Para fora, também.
Todos nós, às vezes, somos ninguém.

***

As verdades arranham,
revelando a pintura escondida sob a pele
e expõem nossas pobres matizes.
Embaixo de nossa Monalisa
há um rascunho ruim,
sem viço, sem importância.

Alguém

Alguém para se esbarrar no corredor
alguém para abrir o pote do esquecimento
e apagar a luz do absurdo.

Alguém para lavar as tolices do dia,
para esticar os lençóis das possibilidades e
limpar os pueris fatos banais.

Alguém para aspirar mágoas escondidas sob o tapete,
para amarrar risos e abraços
e subir no telhado da admiração.

Alguém para trocar as lâmpadas da memória,
para ser significado,
para encaixar as peças quebradas da razão e
apertar a rosca frouxa do pensamento.

Alguém para romper a estrada do futuro,
para fechar porões da solidão,
embalar o beijo adormecido,
alguém para pular o muro do tempo perdido,
morder junto o queijo
e beber na mesma taça do tempo.

Alguém para o recado no espelho,
para justificar mais café,
ouvir o pormenor sem contar as horas,
alguém para dar linha à vida apoiada em almofadas

de carinho
e estender estrelas no varal.

Alguém para caminhar na praia da maturidade
olhando um pôr de som,
alguém para entrelaçar as mãos num sentido único,
não se importar com os defeitos que a sombra tem,
alguém para perfumar palavras,
encher o lugar de sonho bom,
alguém para, inexplicavelmente, tudo inundar de cor.

Agonia

No sertão do ser,
onde o vazio ecoa,
sigo descalço,
na solidão que aperta,
nos sonhos que desbotam,
na trilha que ressoa
a vã esperança deserta.

Na dor de cada passo,
o sonho é um mar inexistente
e, cada lágrima, um rio que seca
e me desorienta na estrada
sem cor, sem semente, sem abraço.

E, mesmo que tudo aqui pareça nada,
há um mundo que se desfaz em cada coisinha,
em cada olhada.

Enquanto ando, o vazio grita
e, na desimportância da vida,
encontro este lugar que me habita.

A fraqueza,
um abismo que devora,
é nota da canção sertão afora.

E, se morre um pouco
sem conhecer felicidade
na crueza do dia,

se morre de tristeza,
de fome, de agonia,
de saudade.

Carcará

No pináculo arbóreo,
sob ardência do dia
e o firmamento infinito,
pressinto agonia.
Sentinela alada do destino escrito,
com olhar fixo e âmbar,
afio garras de aço,
observo o teatro da vida,
palco do tempo e do espaço.

A criatura arfante vem,
se arrasta,
espectro da desolação,
sob o jugo do sol
em travessia nefasta
dolorosa e lenta procissão.

Nos abate a fome agreste,
cada qual com sua ferida
sou predador celeste,
apenas cumprindo a lei da vida.

A sobrevivência se desenrola em trágica dança,
cada movimento, prelúdio da sorte,
na quietude expectante da diária matança
há quem resista se entregar à morte.

A vida é escrita em linhas tortuosas,
onde o fim é certo, as horas, valiosas.

O sertão é meu reino,
a árvore, meu trono,
e na morte que se anuncia,
mais um dia abono.

Jardim secreto das palavras

No jardim secreto, a mulher caminha,
entre palavras que brotam puras, suadas, sozinhas.
Cada passo revela histórias vividas,
plantadas,
colhidas e não ditas.

Neste espaço sagrado e submerso
ela é guardiã da poesia,
palavras crescem ao redor
e floreiam versos.

No jardim secreto
o tempo se aquieta,
o vento dorme a seus pés
que se movem frios
para não reacender lembranças esquecidas,
onde o silêncio fala e as sombras guardam vidas.
Cada letra, um suspiro de amor.
Cada frase, uma ferida escondida.

Os verbos se tocam
e se fecundam neste refúgio.
Aqui,
dor e alegria se enlaçam,
e o amor ressoa,
a mulher dança com metáforas,
abraça antíteses e voa.

Eu seguro sua mão porque mesmo podendo eu não quero fazer nada sozinha.

Eu seguro sua mão porque com ela
a caminhada fica muito mais agradável
mesmo com os reveses da vida.

Seguro sua mão porque ela me aquece o ânimo
e me eleva como mulher.

Porque sua mão rebate os espinhos e cura minhas feridas.

Seguro sua mão porque ela me conduz por veredas com sombra
nos dias quentes e me guia por trilhas de risos e alegria.

Porque é sua mão a dar cor e sentido à minha vida.

Seguro sua mão porque é ela que eu quero, aquecendo a minha
e protegendo nossos planos, nossos projetos, nossos sonhos.

Seguro sua mão porque ela conjuga com a minha o verbo amar,
a mim se dá e a mim recebe.

Seguro sua mão porque é ela que me encoraja a ir
e me apoia durante a jornada.

Seguro sua mão por opção e não quero, não posso e não vou soltar.

***

E morrer uma última vez nos seus braços
e me estender um pouco mais nesse olhar que me devora.
Uma última vez
respirar seu hálito de vida
e me sentir floresta.
E morrer uma vez mais
em suas trilhas secretas
raio de horizonte em chama.
E beber seu beijo como a última
vida,
como o derradeiro
mais completo
e inevitável fim.

Aquele breve instante na tarde
de palavras caindo ao chão
pés descalços
em todos os tons
rastros de poesia viva.

***

Quando ele olha para mim,
com aquele olhar enluarado
o modo como ele me olha
conserta meu mundo.
Ele não sabe meus espinhos
nem minhas ranhuras.
Mas aquele olhar
me faz acreditar
que meu porão é céu de estrelas.

***

Sobre a bancada
que a janela, sem cortina, observa
o calor do café escapa.
É meio manhã, meio tarde
de um domingo que ainda se espreguiça.

Prepare-se para o amor.
Esteja bela também por dentro, gestos de fragrância entorpecente e generosos.
Seja aquela companhia irrecusável, com risos, maturidade e leveza.
Mas seja autêntica. Nada de representar.
Envolva com sua amabilidade
e, ao sair, caminhe deixando saudade.

***

Foste e chovi saudades. Parto em meia hora.
A distância, agora, é criança.
Brinco com ela.
Tua existência me alimenta.
Chego já.

Teu amor é rio

Teu amor é como
um rio de azeite
denso, fresco, iluminado.
É calafrio,
é deleite de rouxinol destrancado.

Depois do beijo ensombrado do amial
colorido e hipnótico arrepio,
viaja, preenche estrelas no varal,
imensuravelmente
é rio.

Teu amor
azeita e desliza,
serpenteia amanhãs,
meu vazio inunda.
Contorna meu tronco,
adoça lamparinas de hortelã,
reaviva sóis, sacia plenitudes, fecunda.

Denso, mas suave
explode em bolhas meus sentidos
rápido e devagar
derramado em ave febril
deliciosamente sorvido.
Teu amor é rio.

Avança curvas,
se ajeita,
desemboca,
em minhas veias
é remanso de paragem,
me des   lo   ca
quando em minha boca deita.

Do dourado ao verde escuro,
ácido ou doce,
eu te juro,
teu amor é sabor, é privilégio.

Imponente como o Tejo,
portuense ou algarvio
ninguém resiste
a um amor que é rio.

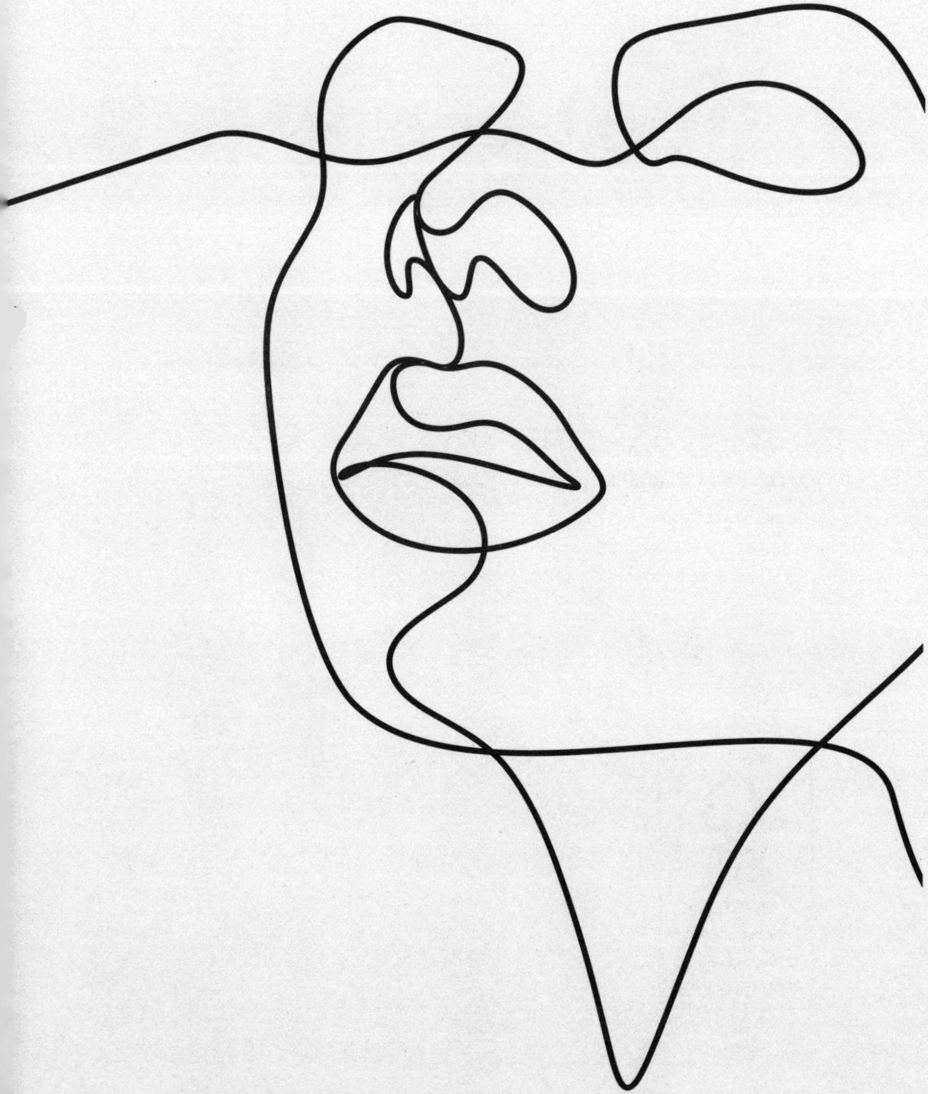

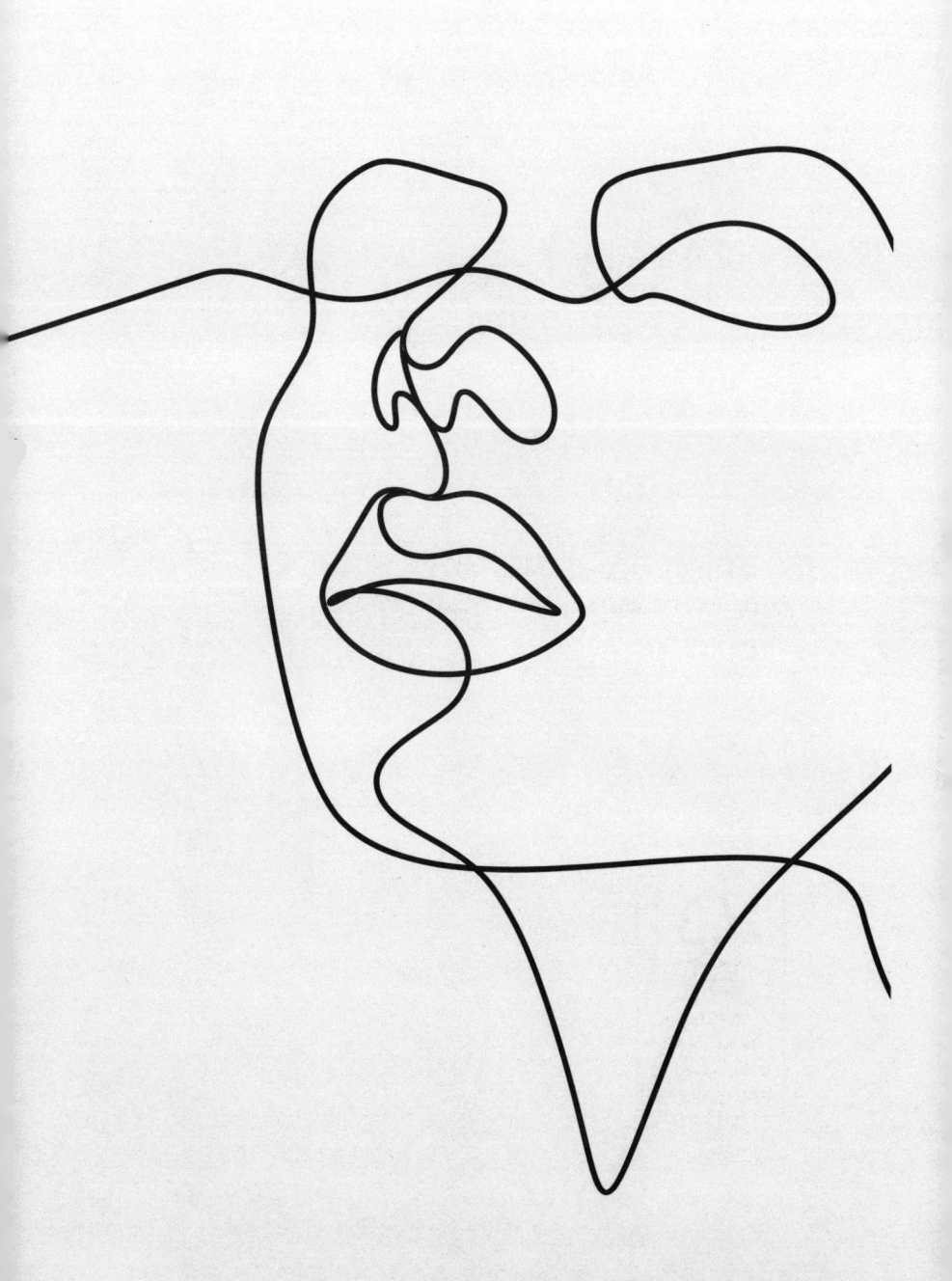

FONTE Argent CF, Mrs Eaves XL
PAPEL Pólen Natural 80 g/m²
IMPRESSÃO Paym